テーブルの上に、果物かごと足つきのグラスがふたつ、置かれています。
かごの上で赤く輝いているのは、山盛りのざくろの実です。
果実は一つひとつが丸く、大きく、ひとつの裂《さ》け目もありません。
テーブルの向こうで戸棚の前に立ち、何か探している人がいます。
大きな犬がその足元に座り、静かに見上げています。

SANNEN NO HOSHIURANAI
LIBRA
2024-2026
ISHIIYUKARI

3年の星占い 天秤座 2024-2026

石井ゆかり

すみれ書房

はじめに

こんにちは、石井ゆかりです。

本書は2024年から2026年の3年間、天秤座の人々が歩んでゆくかもしれない風景を、星占いを用いて描いた1冊です。

3年という時間は短いようで長く、奥行きも深く、ひとまとめにして描き出すのは容易ではありません。本書はシリーズ4作目となるのですが、どう書けば読者の心に生き生きとした「3年」が浮かび上がるだろう、と毎回悩みます。短い小説を書いてみたり、おとぎ話ふうに仕立てたりと、これまでさまざまに試行錯誤してきました。

そこで今回たどり着いたのが「シンボル（象徴）」です。

世の中には「シンボル」がたくさんあります。「フクロウは『不苦労』で縁起がよい」「鳩は平和のシンボル」など、置物やお菓子のモチーフになったりします。ニューヨークの「自由の女神像」のような大きなものから、襟元につける小さな「てんとう虫のブローチ（幸運を呼ぶ）」まで、人間は森羅万象、ありとあらゆるものに「意味」を見いだし、それを自由自在にあやつって、ゆたかな精神世界を編み上げてきました。

象徴など信じない、という科学的思考のはびこる現代社会にも、たとえば「国旗」「県の花」などがバッチリ制定されていますし、会社を設立すればたいていは、すぐにロゴとマークを制作し、名刺などに刷り込みます。これらも立派な象徴、シンボルです。現代を生きる私たちもまだまだ、シンボルを手放したわけではないのです。

実は「双子座」「蟹座」などという星座、さらに「木星」「土星」などの惑星も、私たちがそこに意味を見いだした象徴、シンボルそのものです。

「シンボル」には、いい意味も悪い意味もあります。たとえば「サル」は賢さを象徴する一方で、ズルさを表すこともあります。たいていのシンボルは両義的、つまり吉凶、善悪の両方が詰め込まれています。

「シンボル」に与えられた「意味」を調べるのは、辞書で単語の意味を引くのに似ていますが、その広がりは大きく異なります。シンボルはそれぞれがひとつの宇宙のようで、そのなかに実に豊饒な世界を内包しているからです。

さらに、シンボルは想像力、イマジネーションでできあがっているので、外界に対してかたく閉じているわけでもなければ、その世界のサイズが決まっているわけでもありません。どこまでも広がっていく世界、ときには外界から新風さえ吹きこむ世界が、シンボルの抱いているミクロコスモスなのです。

たとえば「双子座の人」「乙女座の人」と言ったとき、その人々のイメージをひと言で限定的に言い表すことは、とてもできません。同じ双子座の人でも、その個性はさまざまに異なります。でも、そこに何かしら、一本似通ったベースラインのようなものが感じられたとしたら、それこそが「双子座」というシンボルの「軸」の感触なのです。シンボルとはそんなふうに、広がりがあり、開かれてもいる「世界観」です。

多くの人が、好きな数字や花、なぜか自分と近しく感じられる場所などを、心のなかに大切にあたためて「特別あつかい」しています。あらゆる物事のなかから特別な何かを選び出し、自分とのふしぎな結びつきを読み取る心が「象徴」の原点にあるのだろうと私は考えています。どれだけ科学技術が発達し、多くの人が自然科学にしか「エビデンス」を求めなくなっても、人の心が象徴を追いかける仕組みは、なかなか変わらないだろうと思います。

この3年間を生きるなかで、本書の軸となった「シンボル」が読者の方の心に、やさしい希望のイメージとしてよみがえることがあれば、とてもうれしいです。

3年の星占い―天秤座―2024年-2026年◎目次

ブックデザイン
石松あや
(しまりすデザインセンター)

イラスト
中野真実

DTP
つむらともこ

校正
円水社

1

3年間の風景

3年間の風景

冒頭の風景は天秤座の2024年からの3年間を見渡して、私が選んだ「シンボル」です。「なぞなぞ」のようなもの、と言ってもいいかもしれません。

以下にキーワードをいくつか挙げながら、「なぞなぞのたねあかし」をしてみたいと思います。

・挑戦と勝利、成功

――ざくろ、乾杯

「よくやったね、おめでとう、乾杯！」

2025年後半から2026年ごろ、あなたはだれかとそんなふうに、グラスを掲げることになるでしょう。

祝ってもらっているのはもちろん、あなたです。

長いあいだ夢見てきたことを、ここで叶えられるのかもしれません。

努力が認められ、すばらしい地位や名誉を授かるのかもしれません。
自分の手で新天地を切りひらき、「一国一城の主」となる人もいるでしょう。
目標を達成し、大きなミッションを成功させ、目指してきた場所にたどり着き、栄冠を勝ち取る人もいるはずです。

あなたの選択と取り組み、努力の結果、「おめでとう！」という言葉を受け取れます。降ってわいた幸運ではなく、だれかからもらったようなものでもない、本物の「成果」がここに見いだされます。

この、2025年なかばから2026年なかばの「達成・成功」の喜びは、ここまでのあなたの努力の深さの表れです。というのも、2023年ごろからあなたは、うとまずたゆまず、コツコツと実に地道な努力を続けてきたはずなのです。

この「地道な努力」は、2026年2月ごろまでには一段落します。

長い長い、どこまでも続くように見える階段を、苦心しながら一段一段上り続けるようなあなたのがんばりに、周囲はもしかすると、気づかなかったかもしれません。もともとあなたは、「自分が汗を流している」ということを、周囲に勘づかせないようにする人です。

優雅な白鳥が水面下で忙しく足を掻き続けるように、苦心を続けた暁に、2025年なかばからの輝かしい時間が待っています。

ここでの「達成・成功」は、仕事やキャリアはもちろん、プライベートな分野で体験する人もいるでしょう。

なぜなら、この時期の「達成・成功」はあくまで、あなた自身が何を目指し、何を勝ち取ろうとしてきたか、ということの延長線上にあるからです。

この時期手に入るものは、あなたが「ほしい」と思ったものなのです。

ゆえに、キャリアにおける成功やなんらかの成就を願ってきた人は、それを達成できるでしょう。

あるいは、人を愛すること、家族や子育てなどに目標を置いてきた人は、その目標に手が届くはずです。

仕事や愛にかぎらず、あらゆる分野での「目標」を達成できるのが、このタイミングです。夢を見て、その夢に向かって歩き続けてきたあなたに、「天」が応えてくれるのが２０２５年なかばから２０２６年なかばなのです。

乾杯と言えば、お酒で交わすイメージがあります。ですがここでは、あえてざくろをしぼった果汁での乾杯を描いてみました。その理由はいくつかあります。

ひとつには、ざくろが古く「勝利」を象徴する果実だったことです。

この3年間のなかで、あなたは目標の達成や人間関係の形成など、なんらかの「勝利」を目指し、それを勝ち得ることになっています。

そうした「成果」の象徴として、ざくろという果実を選びました。

もうひとつの理由は、この時期のあなたの勝利には、「酩酊《めいてい》」的なものはそぐわないという点です。

この時期のあなたの「達成」は、とても現実的で、因果関係が明確なのです。棚からぼたもちのような幸運による勝利ではなく、あなたががんばったから得られる勝利なのです。

明晰な意志をともなった努力の果てに、はっきりとした意識を持って喜んでいるのが、2025年後半から2026年前半のあなたです。

もといい、現実には、お酒の好きな人は文字どおり、勝利の美酒を味わうことになるだろうと思います。お酒好きも、お酒が好きでない人も、「おめでとう！」の一杯の高揚感は変わらないはずです。

・「その人」のための仕事

――戸棚を探す人

冒頭の「戸棚のなかを探す人」は、ざくろをつぶして果汁をしぼる方法を考えています。どんな道具を使い、どのようにすればうまくきれいな果汁がとれるか、思案しているのです。

自分だけでざくろを食べようとするなら、おそらくそうした手間はかけず、そのままかじりついたことでしょう。

でも、この人はこれから会って会話する、大切な相手のために、あえて果汁をしぼって美しい杯でもてなしたいのです。

2023年から、あなたは何度も「どうすればいいだろう？」と考えてきたのではないでしょうか。

それは、この「戸棚のなかを探す人」の心にある問いと似ています。

自分以外のだれかのために、どうしたら問題を解決できるか。

何をすればその人のためになるか。

相手に対して自分にできることは何か。

どういう手だてを使えば、相手の役に立てるのか。

こうした問いが、あなたの生活や、外に出ての活動、仕事などのあちこちに発生していたはずです。ただ問いかけるだけでなく、いろいろ試してみて、いちばん効果的な方法を今、あなたは探り出しつつあるのではないでしょうか。

自分以外のだれかのために、役に立とうとしてやることを、広く「仕事」と呼べるだろうと思います。

「仕事」と言えば、なんらかの組織や集団に就職してやることとか、お金を稼ぐためにやること、と限定的に受け取る人も少なくありませんが、たとえば家事や身近な人のケアなども、立派な「仕事」です。

さらに、自分自身の未来のためにすることを「仕事」と称する場合もあります。「子どもは遊ぶことが仕事」「赤ん坊は泣くのが仕事」「学生は勉強が仕事」「病人は休むのが仕事」などです。

自分やだれかのために、役に立つことをすること。これらのことは、「自分のため」でありながら、決して「利己的」ではありません。

たぶん、現在の自分にとって、未来の自分は一種の「他者」と言えるようにも思えます。未来の自分という他者に対してしてあげられることがあれば、それは「仕事」なのです。そういう意味で、2023年から2026年頭のあなたはまさに、一心不乱に「仕事」に取り組むことになります。

ここでの「仕事」には、いい意味での「孤独」が含まれています。ひとりでなんとかしなければならないのです。

もちろん、だれかに聞いて教えてもらえることもあるかもしれませんが、それはヒントやアドバイスにとどまります。手取り足取りのサポートはなく、あくまで対等なひとりの大人として、突き放した見守りを受ける程度です。

あるいはあなた自身が周囲の指導やサポートをする側に立つために、自分自身は人に甘えにくくなるのかもしれません。

なんらかの手助けを得たとしても、最終的にはあなたがひとりで考え、ひとりで試行錯誤し、ひとりでその「仕事」を創造することになるのです。

・生活を創る

——果汁をしぼる方法

この時期のあなたの試行錯誤は「暮らし」を創ることにつながります。
生活を創り、習慣を作るときなのです。
人生は日々の生活でできています。毎日の小さな積み重ねが、大きな人生の方向を決定づけます。

生活習慣は、一気に決まるものではありません。

たとえば、運動不足の人が毎日15分のウォーキングを始めたとします。だんだん慣れてくると歩く時間が長くなります。しばらくして、ウォーキングの前にほんの少し、ストレッチをする習慣がつきます。汗をかいたウェアを洗濯するサイクルが定着します。運動する習慣がついたのだから、もう少し何か健康にいいことを、と考え、食生活も少しずつ変わります。


「日常」はそんなふうに、小さな変化の集積でできています。

何を繰り返し、何をやめるか。

どれに効果があり、どれが自分に合わないのか。

そうしたことは、実際に自分でやってみなければわかりません。また、一定期間続けてみなければ判断ができないこともたくさんあります。

この時期のあなたはそうした小さな試行錯誤を重ねます。

ある種の「実験」をしているという感覚も生まれるかもしれません。

自分にフィットする生活を、だんだんと時間をかけて創造する。そのプロセスが2023年から2026年頭にかけて進展していくのです。

戸棚のなかを探している人は、「手持ちのものでなんとかできないか」と考えています。たぶん、ざくろをしぼるための便利な道具などもあるのかもしれませんが、そうではなく、まずは自分の持っているもので工夫しよう、と思っているのです。

このスタンスは、2023年からのあなたの「試行錯誤」に通じます。

あなたもまた、一足飛びに「遠くにある結論」に飛びつこうとするのではなく、「今すでに手のなか・足元にあるもの」から一歩ずつ踏み出そうとしているはずです。

もちろん、「手のなかにあるものだけで最後までなんとかする」わけではないかもしれません。経験を積み重ねた先では「新しいアイテムを試してみよう」という段階に達する可能性があります。

ですが「新しいアイテムを試す」段階で何よりも物を言うのは、「道具がない状態で、どのくらい苦労したか、その経験」です。

道具がない状態で苦労した経験は、「どういう機能があれば便利か」を教えてくれます。その経験があってこそ、その道具の妥当性や合理性が理解できます。場合によっては「こんな特別の道具は不要だ」と判断できるかもしれません。

「自分に合った生活」を創るのは、そんなふうに、自分自身の地道な体験の積み重ねです。

・現実的な献身

――静かに見上げる犬

2023年から2026年頭にかけて、あなたは「だれかのためにがんばる」という意識を強く持つようです。

この人の役に立ちたい。
この人の成功のために一肌脱ぎたい。

この人のサポートに全力を注ぎたい。

この人を守るために、自分のできることをしたい。

「この人」は、お世話になった人や愛する人、家族、後輩や部下や弟子、雇用主や被雇用者、先輩、あこがれの人等々、多岐にわたります。

あるいは自分の仕事の「お客様」、クライアント、協力者など、自分の仕事を受け取ってくれる人々が「この人」なのかもしれません。

世界平和を願ったり、世の中全体を善くすることを考えたりすることは、とてもだいじです。平和の星座・天秤座の人々はしばしば、そうした非常に大きな、広い世界を覆うような理想を抱くことがあります。

ただ、この時期にかぎっては、あなたの努力や理想は、かなり個別具体的な存在にまっすぐ向かっていく感じがあるのです。

だれかの顔がはっきり見え、声が聞こえています。

あなたの「がんばり」の結果を受け取る人の姿がそこに、触れ合えるかたちで「在る」はずなのです。

犬は古来、人間の友であり、「献身」の象徴とされています。「〇〇の犬！」という罵《のの》りには、強い者におもねる卑怯者の意味が込められますが、現実の犬が時折見せる深い愛情には、なんの下心も認められません。

「個人の自己実現」こそが最高の価値とされる現代社会では、献身や自己犠牲は搾取や抑圧と結びつけられ、決して良いイメージを持たれていません。

でも、他人から強制されたり、文化的環境から学習され内面化されたりしたものではない、純粋な主体性から選び取られる献身や自己犠牲というものも、存在するのではないでしょうか。

少なくとも、この時期のあなたの「献身」は、外部から強制されるようなものではありません。

もし、これまであなたが外部からのなんらかの強制力によって、「献身させられていた」「献身せざるを得なかった」のであれば、この時期に断固として、その状況から離脱できるでしょう。

一方、あなたがたとえば「採用側」「経営者」「管理者」のような立場である場合、この時期はある種の苦労を経験することになるでしょう。

たとえば、募集をかけてもなかなか人が集まらないとか、すでにいる被雇用者の人々とのコミュニケーションに努力を要する、などの場面があるかもしれません。

あるいは、まだスキルの足りない人々を地道に育てたり、自分より年上の人々、立場が上の人々を「指導する」ことになったりと、人をまとめ導くことに苦労する可能性もあります。

この場合も、「誠実な献身」がキーワードとなります。

たとえば「先《ま》ず隗《かい》より始めよ」という言葉があります。中国の故事からくる言葉です。王様がよい人材を集めたいと思い、臣下の郭《かく》隗にどうすればよいか意見を求めたところ、彼は「先ず隗より始めよ」、つまり「私、郭隗を好待遇することから始めなさい」と言ったのです。あの郭隗のような者でもあのようによい待遇なのであれば、自分ならもっとよい条件で採用されるだろう、と、多くの優秀な者が集うはずだ、というのです。

「新しく優秀な人を集めたい」と思えば、新たな人材の採用条件をどうするかを考えたくなります。ですが新しい人への待遇ではなく、すでにいてくれている人々への待遇を見直すほうが、遠回りなようでも実は大きな効果があるのではないでしょうか。

この時期の努力や献身は、「まず現状」から始まります。

現状を見つめ直し、そこを根本的に改善するには、自分自身の活動の信念や理念、人間観、人生観などを深く掘り下げ、再構築、再定義する必要が出てきます。

犬が「足元」にいる、ということにも、ひとつの意味があります。この時期の仕事、この時期の献身は、あくまで足元から始まります。

自分の生活と地続きの現実、手を伸ばせばすぐに触れられる存在がそこにあり、誠実と献身の取り組みもまず、そこに向かってゆくのです。

・真剣なパートナーシップ、深い愛
――ざくろの実

2024年から20年ほどの時間をかけて、あなたは非常に深い愛の時間を生きることになっています。
この愛の深さ、熱さは、言葉では説明しきれないものです。
古来、愛や性愛について、たくさんの詩や文学、音楽、芸術作品が生み出され、今も日々、ラブソングが、ラブストーリーが紡がれ続けています。長い歴史のなかで語り尽くされたように見える「愛」というテーマは、これだけ人知を尽くされてもまだ、私たちにとって、宇宙のような謎であり続けています。

愛はあらゆる意味で、「命に関わる」問題です。

性愛は命の源ですし、性行為に寄らず生まれた子どもであっても、愛がなければ育つことができません。悲しいかな、必要な愛を受け取れずに育った人や、ゆがめられた愛によって育つしかなかった人は、大人になっても大きな問題を背負わされ、その問題を生きる必要に迫られます。

愛を失った人が命を落としたり、人を殺めたりすることも、これだけ科学の発達した現代社会においても、完全に阻止することはできていません。

どんなに合理的な人も、どんなに功利主義の人も、愛に傷つくことを完全には避けられないのです。

生まれることも、生きることも、死を迎えるときでも、私たちは愛と無関係ではいられません。

愛は普遍的で、すべての恋は似ていますが、その一方で、すべての恋愛は別物で、完全に一致する恋愛はありません。

しばしば「夫婦のあいだには、決して他人にはわからないことがある」と言われますが、これは「夫婦」にかぎったことではありません。愛し合ったふたりには、絶対にそのふたりにしかわからないものが存在していて、それは語り得ないものであると同時に、ふたりにとってもっとも大切なものなのだろうと思います。

ギリシャ神話のヘラ、ローマ神話のユノーは「結婚の女神」です。「ジューン・ブライド」のジューン（6月）はユノーの名前に由来しており、今も多くの花嫁がその恩寵《おんちょう》を受けようとしています。

このユノーは、しばしばざくろの実を手にした姿で描かれます。「ざくろは美しい花を咲かせるにもかかわらず香りがしないため、貞淑を象徴する」とも言われます。

また、ざくろの実は、外皮は分厚くて硬く、むくのがむずかしいのですが、なかはジューシーでとても甘く、何より、その美しい輝きで人の心をとらえます。

この時期の愛もそれに似て、義務や責任、永続性など、一見硬い外観をしているのですが、そのなかには真っ赤な、血のような熱い情熱が渦巻いています。

星占いにはさまざまな「愛の時間」がありますが、この「3年」は天秤座の人々にとって、非常に深く大きな愛の世界への「入り口」のような時間です。

その深さ、大きさは、ざくろの実のまとうある種の神秘性に通じるように思われるのです。

・あたたかく強い友情

――犬、一対のグラス

2026年なかばから2027年前半は「友情の季節」となっています。人間関係が大きく広がり、深い喜びを味わえるでしょう。

特にこの時期は、だれか特定の人物と、非常に強い信頼関係を結ぶことになる可能性があります。ただ仲がよいということにとどまらない、もっと重みのあるつながりが生まれるのです。

一般に「友だち」とのつきあいは、一時的なものに終わることも多いものです。学生時代の友だちと長くつきあう、といった場合でも、その人数はかぎられるでしょう。すべての友だちと生涯つきあえる、という人もいるかもしれませんが、レアケースだろうと思います。

なかには、年齢を重ねて友だちづきあいはすべて失われ、パートナーや家族とだけ関わって生きている、という人も、決して珍しくありません。

そういう意味で、この時期天秤座の世界で結ばれる信頼関係や友情、愛の結びつきには、強い永続性、切ることのできない強靭さが備わっています。

なぜその関係が「切れない」のかは、あなた自身の意志や相手の生き方と深く関わっていますし、それ以上に、この時期にふたりのあいだに起こること、ふたりが共有する経験にも、理由があるはずです。

特別な経験を共有し、特別なケアをし、相手の内なるものに特別に触れ、「この人を知った」という強い確信が生まれたとき、その結びつきは揺るがぬものとなります。

２０２６年からの1年、あるいは2年ほどの時間が、あなたとその人を「忠誠」に近い感情で結びつけるようです。

冒頭の風景には、あちこちに「友情」の気配があります。

一対のグラスはこれから来るだれか、大切な相手の存在を示しています。

たとえば人生の節目にお祝いを、というタイミングで、一対一でもてなしたい相手は、「友だち」ではなく「親友」、あるいはそれ以上の存在だろうと思います。

犬は飼い主とおぼしき人の足元にいて、やさしく見上げています。犬は「家族」であり、時に人間の友人以上の存在となることもあります。

・訓練、時間をかけた成長

――裂け目のない、大きなざくろの実

天秤座の人々にとってこの「3年」は、光と影のコントラストが非常に激しい時間と言えます。

これは「いいときと悪いときがクッキリしている」という意味ではありません。そうではなく、舞台裏の努力の地道さ、地味さ、素朴さと、舞台の上でのスポットライトの強さがそれぞれ、際立っているのです。

かぎりなく華やかな舞台の裏で、どこまでも厳しい稽古がおこなわれています。軽やかなパフォーマンスの裏側でやっていることは、ごく基本的な訓練なのです。

たとえば、たぐいまれなる美しさを誇る人に「美容法は？」とたずねる人は、まだ知られていない特別な方法が語られることを期待しています。でも、この人の語れることは「バランスのよい食事と運動、よい睡眠です」といった、だれもが知っているようなことだけなのです。


日本画に描かれるざくろは、枝についた状態ですでに、割れています。

でも、原産地とされる地中海沿岸や中東で栽培されるざくろは、日本のものより大きく、収穫前に割れるようなことはないそうです。

湿潤な日本では皮が成長する前に中身が大きく熟してしまうので、樹上で割れてしまいます。

その点、乾燥した地域で育つざくろは、深い地中からわずかな水分をじっくり吸い上げて成長します。ゆえに、大きく甘い、裂け目のない実がとれます。

２０２５年から２０２６年を中心とした、天秤座の華やかな「成功・ブレイク・達成」は、２０２３年ごろからの時間をかけた、地道な努力のたまものなのだと思います。

環境に問題があっても、むしろその条件ゆえに、成功が大きく、甘く熟すのです。

・新しい知の世界へ

――知恵の実としてのざくろ

２０２５年から２０３３年ごろにかけて、宇宙旅行に出かけるような体験ができます。新しいことを学び始める人もいれば、未知の世界に飛び込む人もいるでしょう。具体的には、長期留学をするとか、海外に移住するなどといった選択をする人が多そうです。

また、新しいスキルを身につけたり、新時代のテクノロジーを学んだりして、な

んらかの分野でプロフェッショナルとして急成長する人もいるでしょう。

学び方が変わり、価値観が変わり、世界観が変わります。

これまで生きてきた世界には一切見られなかったものが、あなたの世界になだれ込んできます。

神秘的なこと、精神的なことに興味を持つ人もいるでしょう。まさに「星占い」もそのひとつですが、社会的に「主流」ではないこと、かならずしもたくさんの人が肯定するわけではないような分野に入り込んでいく人もいるかもしれません。

この時期のあなたの「学び」は、伝統的な考え方やすでにある社会的規範に、まったくとらわれません。世界の最先端を行くような価値観、考え方を自分のものとして採用することができます。学校で学んできたこととはまったく異なるような世界観を、みずからの知性で選び取ることができます。

新しいことは魅力的です。未知の世界もまた、魅力に満ちています。

その一方で、長い時間のなかで、多くの先人たちに踏み固められた「実績」「たしかさ」には、欠けています。

新しい考え方のなかには、その後新しい伝統として成長する「芽」もありますが、まちがったもの、思い込みや誤解、幻想に近いものも存在します。

自分が見つけたものがそのどちらなのかは、リアルタイムではなかなか判断できません。

最初、「これはすばらしい！　正しい！」と思えたものでも、あとになってたくさんの反例が示され、論理的実証的な批判が寄せられて、「まちがいだった」と気づかされることが、よくあります。

たとえば多くの人を説得してベストセラーとなった書物が、その後「トンデモ本」と批判・酷評されるという現象は、現在進行形で日々、起こっています。

長い人間の歴史のなかでは、ごく優れた科学者が、後世からすればまちがった学説を支持した場面は無数にあったのです。

「あれは信じるべきものではなかった」と気づかされたとき、だれでも心が深く傷つけられます。しかし、必要以上に恥じる必要はありません。まちがいに気づいたら、ただ淡々と、それを正せばいいだけです。好奇心を抱き、新しいことを知ろうとする姿勢には、いつも価値があります。そうした姿勢を持っていれば、まちがいに気づいて正すことも、早い段階で叶うのです。

聖書の創世記に登場する「知恵の実」と言えば、リンゴを想起する人が多いはずです。実はこの「知恵の実」が何の実だったのかは、聖書のなかでは明記されていません（むしろ、ほかならぬ「知恵の実」で、ほかの果実とは異なる「実」だったと考えることもできると思います）。「知恵の実」をイチジク、ブドウ、バナナ等とする説があるなかで、「ザクロ」とする説もあるそうです。

「知恵」は、さまざまな意味で危険なものです。

たとえば多くの物語に登場する悪人は、賢いのです。愚かな悪人よりも、賢い悪人のほうが、大きな悪事を為します。また「策に溺れる」という言葉のように、知はうぬぼれと結びつき、自分自身をとらえるワナともなります。

そうした意味で、この時期のあなたは知にまつわる危険をまず、視界にとらえているはずです。ですがその危険性への認識ゆえに、なんらかの専門的テーマについて、真剣に学ぼうという意欲を強めるのだと思います。

ゆえに、新しいことや未知の世界について、慎重に知を蓄えていけるでしょう。知と社会の結びつきを見つめ、世界を開く方向で、学びを進めるでしょう。意見の違いや分野の境目を超えて、物事をごく広い立場から見ようとする気持ちを忘れずにいられるでしょう。

２０３３年までのあいだ、あなたはそうしたスタンスを何度も確認しながら、最終的に非常に大きな知の世界を構築することになるはずです。

2

1年ごとのメモ

２０２４年

天秤座の２０２４年から２０２６年の３年間で、もっとも華やかな動きが起こるのが、２０２５年なかばから２０２６年なかばの約１年です。

ここはいわば「クライマックス」であり、ひとつの到達点であり、あるいは新しい世界に「デビュー」するような時間でもあります。

ゆえにこの「３年」をムリヤリ、キーワードで表すと、次のように言えそうです。

2024年：修業
2025年：デビュー、ブレイク
2026年：人脈

たとえば「2024年に受験勉強し、2025年に受験して合格し、2026年から新しい学校でたくさんの友人を作る」というイメージでとらえることもできそうです。

2025年なかばまで、あなたにとって「この世界」は、まるで「他人が作った、他人のためのもの」のように見えているかもしれません。
それが2025年なかば以降、「この世界は、自分のものでもある」という手応えが生まれ始めます。

では、「修業」の２０２４年から順番に、読んでいきましょう。

・前半は「ギフト」の時間

２０２３年後半から２０２４年前半は「ギフトの時間」です。

経済的に、かなりうれしい展開が起こるでしょう。

人から受け取るものが多く、さまざまな「恵み」を感じられるときです。

受け取れるものは贈り物やおみやげ、おこづかい、臨時収入などの物質的・経済的なものはもちろん、かたちのないものもたくさんありそうです。

たとえば仕事のオファーやいろいろなお誘い、だれかが自分のためにチャンスをセッティングしてくれる、など「機会を受け取る」ことができるでしょう。

レアなチケットの抽選で当選するとか、仕事や役目を通してなんらかの「役得」を得るなどといったこともあるかもしれません。

自分だけの力では獲得できないものを、だれかの手から受け取れるのが、この時期の特徴です。

もしかすると2018年ごろから、あなたはそうしたものに背を向けてきたかもしれません。「人から受け取る」ことを拒み、自分だけの足で立ちたいと願い、そのように行動を続けてきたのかもしれません。

「人に迷惑をかけたくない」「お金のことで人に縛られたくない」「人からの支配や依存関係を脱したい」といった思いから、援助や応援を断って、自立を目指してきた人もいるでしょう。

一方、あなた自身の差し伸べた手が「相手に届かない」ような場面もあったかもしれません。助けてあげようとしても、「自分でやります」と断られるなど、つらい孤独感を味わった人もいるだろうと思います。

そんなふうに、人の手を借りたり、人に手を貸したりすることから遠ざかってきていた人ほど、２０２４年からの3年は、流れが変わります。

人との距離が近づき、人の手と自分の手が触れ合って、そこにあたたかな温度を感じることができるようになります。

これまで遠慮していたことを、そろそろ、遠慮せずに受け入れられるかもしれません。これまで遠ざかっていた相手が、頼ってきてくれるかもしれません。

とはいえ、２０１8年ごろからの自立への試みが「消え去る」わけではありません。むしろ、ここまでの時間にある程度以上の自信を得られたからこそ、「受け取る余裕」が生まれつつあるのだろうと思います。

「自分の足でも立てる」からこそ、人から手を借りることが不安でなくなります。遠ざかったときのさみしさを経験したからこそ、支え合う手のあたたかさに気づかされます。

あなたがここまでに選んできた新しい自由が土台となり、新しい助け合いのかたちを模索できる時間に入るのです。

・後半から「冒険と学び」の時間へ

2024年5月末から2025年6月上旬までは、「冒険と学び」の時間です。文字どおり、冒険旅行のような遠出をする人が少なくないでしょう。

この「旅」は、2026年以降のより大スケールの旅のための「お試し」「味見」のような意味合いがあるかもしれません。この時期の「冒険旅行」はひとつのきっかけにすぎず、少し先に、さらに長い旅が「本編」として待っているのです。

また、この時期から学び始める人も多そうですが、この「学び」はどちらかと言えば基礎的なものではなく、専門的なもののようです。たとえ基礎から学ぶ場合であっても、そこにはかなり具体的な目的があるはずです。

2026年以降、この「具体的目的」は、かなりニッチなものへと展開しそうです。非常に新しい分野、一般的にまったく知られていない分野に進んでいく人もいるだろうと思います。

ある分野での「第一人者」になる道を選べるときと言えます。

・経験の時間、修業の時間

2024年は「経験」の年です。

たとえばあるスキルを習得するために「弟子入り」するのは、教科書では学べない「経験」を積むためです。

この時期のあなたの「経験」は、特に、他者の世界で積み重ねられます。

年の後半は「学びの時間」に入りますが、ここでも机上の勉強だけではすまないはずです。

現場に立ち、汗を流し、言葉だけでは説明しきれないことを五感のすべてを使って吸収できます。

どんな分野にも、どんな集団にも、どんな業界にも職場にも、その世界の文化というものが存在します。この文化は、その世界に入り込んで、その世界の一員とならなければ、理解も習得もできません。

この時期のあなたは、異文化や異業種のなかに入り込み、その一員となってスキルや知識、世界観を身につけることになるようです。

一朝一夕には終わらないのが「習得」のもどかしいところですが、日々コツコツ、小さな努力を積み重ねていった先に、大きな力が手に入ります。

・「ニーズ」をとらえる

「だれかのニーズに応える」ことも、この時期の大きなテーマです。

すでに2023年からこの取り組みは始まっていて、2026年頭に一段落するのですが、2024年がそのもっとも大きな「山場」と言えます。

現実の「だれか」がそこにいて、その人のニーズを具体的に考え、応えるために行動できます。

他者のニーズをとらえることは、決して簡単なことではありません。

また「ちゃんとニーズに応えられたかどうか」も、たしかめにくいものです。

よかれと思ってやったことが裏目に出ることもあれば、相手の言うとおりにしたのに不満げな顔をされることもあります。

ゲームを続けたがる子どもを叱るとか、パートナーのアルコールを制限するなど、相手からまったく喜ばれないような「ニーズの満たし方」もあります。相手がほしがるものと、相手のためになることとが、食い違っている場合は珍しくないのです。

仕事の上でも、命令されたとおりに動いたのに結果が出ないと叱られたり、アンケートどおりの商品を作ったのにまったく売れなかったり、といったことは多々あります。

人間は「自分が本当は何がほしいのか」を、自覚しきってはいないのです。「意見」と「行動」は、ゆえに、しばしば食い違います。言うこととやることが違うのです。

誤解、思い込み、保身、自己顕示欲、優越感、ゴマカシや欺瞞《ぎまん》、その他もろもろ、ニーズをとらえにくくするものが私たちの内外には渦巻いていて、「本当に役に立つ方法」は簡単には見つかりません。

この時期のあなたは、そんなトラップを何度も目にしながら、粘り強く試行錯誤を続け、たしかに「その人の役に立つこと」を見つけ出せます。

さらにこの時期は、「自分自身のニーズ」をとらえることも、大きなテーマです。自分の心身が何を必要としているのか、抱えている問題の核となるものはどこにあるのか。そのことをやはり辛抱強く、洗い出していく作業がおこなわれます。

特に、ふだん自分のことをあとまわしにしがちな人、自分を犠牲にして他人に尽くそうとするクセのある人ほど、この時期は「自分自身のこと」を見つめる必要があります。

抱え込みすぎたタスク、ガマンのしすぎ、疲労の蓄積などは、ダイレクトに心身の不調に結びつくからです。

自分が倒れてしまえば、ほかの人の役に立つどころか、むしろ負担をかけることになってしまいます。

もとい、「セルフケア」という言葉が昨今、かなり世の中に浸透しています。自分自身をケアし、健やかに保つことは、決して「人のためになるから」推奨されるわけではありません。

自分自身を叶うかぎり健やかにし、できるだけ幸福な生活を営もうとする努力は、それ自体がひとつの人生の目標であり、「それがなんのためなのか」を問う必要のない営為です。

「大切な人のために生きよう」と思うのと同じように、「大切な自分のために生きよう」と思うことは、疑問の余地のない正義です。

自分自身の心身が何を求めているのか、そのことを非常に深く探ることができるのが、この2024年です。

・秋、キャリア大変動の「第1弾」

9月から11月にかけて、大きく勝負に出る時期です。

仕事や対外的な活動において、熱いチャレンジができます。

また、これまでの社会的立場をがらっと変えるような選択をする人もいるかもしれません。

ここでのチャレンジや勝負は「第1弾」で、2025年の年明けから4月中旬に

「第2弾」が置かれています。

さらに2025年初夏から2026年初夏には「第3弾」のクライマックスが待っています。

この3段階を経て、あなたのキャリアや社会的ポジションが、新しいステージへと「移動完了」することになります。

「第1弾」の2024年秋の勝負には、多少のぎこちなさが感じられます。条件がじゅうぶんにそろわない状態で闘わざるを得ないのかもしれません。あるいは、何と闘うべきなのかが完全にはわからない状態なのかもしれません。

自分が何を求めているのか、最終的にどうなるのか、といった見通しがないまま、「とりあえず、打って出よう！」という見切り発車をする人もいるでしょう。

ゆえに、不安や焦り、プレッシャーも強くなりがちですが、あわてる必要はありません。

最終的に全容が見え、本物の結果が出るのは2026年前半なのです。

この段階で足りないものがあったり、あるいはたとえば「転職を試みて、何カ所か転々とする」ようなことになっても、それはそれで必要なステップです。この時期に完全な正解を出そうとしなくても、大丈夫なのです。

・「友・仲間」との関係が、熱を帯びる

11月から年明けにかけて、交友関係に熱がこもります。

友だちの情熱が自分の胸に燃え移るような、素敵な場面があるかもしれません。

情熱的に誘われたり、いっしょに夢を追いかけることのできる「戦友」に出会えたりするかもしれません。

友だちと熱く議論する人、チーム内で起こった論争に巻き込まれる人もいるかもしれません。

意欲や情熱を共有して盛り上がるような「熱」もあれば、ケンカするような「熱」

もあるのです。

たがいに真剣に関わろうという思いがあるからこそ、衝突や摩擦が起こります。

この時期の「熱」は、どんなに激しくとも、あくまでポジティブな、積極的な思いがその核となっているはずです。

「熱のこもる関わり」は、この後２０２５年１月６日まで続いたあと、２０２５年４月なかばから６月なかばにかけて「再燃」します。

この時期どれだけ正直に、まっすぐに人と関わったか、ということが、実は２０２６年後半からの展開に強い影響をおよぼします。というのも、２０２６年後半から２０２７年前半は「仲間と希望の時間」だからです。

2025年

・「外」へ飛び出していく年

「外へ、外へ」と向かう年です。

自分の知っている世界だけに閉じこもったり、「できそうなこと」「できるとわかっていること」のなかで活動を限定したりすることは、この時期はほとんどできないでしょう。

わからないこと、未体験のこと、未知の世界、知らない人々のほうへ、自分を「ダイブ」させていくような時間なのです。

新しい出会いがあり、新しい活躍の場があり、新しいチャンスが巡ってきます。「自分にできるかどうか、わからない」と思われても、その方向に向かってみる勇気がわいてきます。

プライベートがあとまわしになりがちな人ほど、「外へ！」の動きが強まります。今は特に仕事をしていない人、事情があって家のなかに閉じこもりがちな人であっても、２０２５年は何かと外に引っ張り出される機会が増えるはずです。外部の人々が、あなたを強く呼ぶのです。

ちょっとした手続きや買い物も、いつもとは違った場所に出向くことになります。これまで興味を持ったことがなかった世界に興味がわいて、ふとその世界に入り込むことになるのかもしれません。

人見知りな人も、警戒心の強い人も、2025年はふしぎと大胆になれるでしょう。冒険心やチャレンジ精神に火がつき、いつのまにか広い場所に立っている自分に気づくはずです。

・「冒険と学び」の時間と、新展開

2024年後半からの「冒険と学び」の季節が6月上旬まで続きます。広く旅をする人、深く学ぶ人が多いでしょう。行動範囲が広がり、未知の世界が既知の世界へと変わっていきます。

さらに7月の七夕から、「冒険と学び」のテーマがひとまわりスケールアップします。ここから2033年ごろにかけて、人生が一変するような「冒険と学び」を経験できるのです。

たとえば、長期留学をする人もいるでしょう。数年間の海外出張を命じられる人

もいるかもしれません。

特にこの時期の「遠出」や「学び」には、他者との関係が強く結びついています。たとえば、「あこがれの人」に出会い、その人と対等に語り合いたい気持ちから勉強を始める人がいるでしょう。

あるいは、だれかへの対抗意識を燃やし、そこから自分を鍛え始める人もいそうです。

さらには大切な人が人生の岐路に立ち、それをサポートするために猛然と勉強し始める、といった流れも考えられます。パートナーの転勤についてゆくかたちで、遠い外国に自分のフィールドを開拓する、といったルートを進む人もいそうです。

だれかのために、だれかと出会うために、だれかとともにあるために。

「だれか」の存在が、あなたを新しい知の世界に導いてくれます。

・勝負、そして「大活躍・大成功」の時間

2024年の秋に「勝負」した人は、2025年1月から4月中旬まで、その勝負の「第2弾」に挑むことになります。情熱的にチャレンジし、道を切りひらくことができます。

そして、ここで汗をかいて切りひらいた道を通り、悠々とより高く広い場所に向かうのが6月以降の約1年です。そこが「大活躍・大成功」の場となります。

6月10日から2026年6月30日までが、その「大活躍・大成功」の時間です。異動や昇進、引き抜き、転職、独立などで、肩書きがガラッと変わる人が多そうです。大きなプロジェクトに関わったり、一大チャレンジに成功したりする人もいるはずです。大チャンスをつかみ、大ブレイクを果たす人もいるでしょう。

また、狭い意味での「仕事」にかぎらず、その社会的な立場が大きく変わる人もいるはずです。なんらかのかたちで「世に名が出る」ことになる人もいれば、親族間、地域コミュニティなどでリーダー的な立場に立つ人もいるだろうと思います。

さらに、家庭を作ったり子どもを持ったりすることを夢見ていた人は、その夢を叶えることができるときです。

家族や子育てといったことは、現代社会ではごく個人的な、小さな世界のことと考える向きがありますが、実は真に「社会的なテーマ」です。

ひとりの大人として家庭生活の運営や子育て、介護などに携わることは、立派な社会的活動なのです。

ゆえにその分野で、ひとつの目標を達成したり、夢を叶えたりすることも、この時期の動きにじゅうぶんフィットします。

能動的に行動し、世の中への責任を果たしたり、他者のためにひとつの場を運営したりすることが、この時期の眼目だからです。

こうして見ると、2025年は1年を通して、とても忙しい時期と言えます。それも、やったことのないこと、見たことのない景色のなかで奮闘する時間となっています。

さらに言えば、自分自身の新しい立場・役割に「慣れる」ことがポイントです。これまで「見上げる」場所にいたのが、ここからは「見下ろす」位置になる、といった変化が起こるからです。

この時期、もしかすると「人からなかなか評価されなくなる・ほめられなくなる」ことに不安を感じる人もいるでしょう。なぜなら、これまでは「評価され、ほめられる」立場だったのに、このあたりから「評価する、ほめる」側に立つからです。たとえば、アスリートや芸術家が、若いときは「受賞する」側に立ちますが、年齢を重ねると「選考委員」「審査員」へと立場を変えます。

だれの人生にもどこかでは、そのようなシフトが起こります。子どもから親になったり、後輩から先輩になったり、生徒から先生になったり、部下から上司になったりするのです。

このようなシフトの場面で、自分の立場が変化したということに気づかずにいると、非常に苦しい思いをすることがあります。

どんなにがんばっても認めてもらえない、理解されない、というつらさを胸に抱き、自分がやっていることは徒労に終わるのではないか、という孤独感に苛《さいな》まれます。

こうしたつらさが「立場の変化」に気づいたとき、突然消えていきます。

自分は「見られる」側ではなく「見る」側に変わったのだ、とわかり、世界が一変するのです。

「何もない」ように見えた世界が、見るべきものだらけの、とてもゆたかな世界へと変貌します。そこにはかつての自分、未熟で、でも必死だった自分の分身のような人々が見えます。やさしい、深い理解がわき上がり、自然に手を差し伸べたくなります。

導かれる自分から、導く自分へ。

あなたの客観的な「人を見る目」という才能が開花する瞬間です。

もちろん、すべての天秤座の人々がこの時期にこのような変化を経験する、というわけではありません。これはあくまで「社会的立場のシフト」の一例です。

ただ、立場が変化していることに気づかず、「今までどおりの自分」だという自認を持ってしまうと、それが苦しみの原因となる可能性があります。

役職や肩書きの変化のような、はっきりした変化があれば自己認識も変化させやすいはずですが、そうではなく、年齢や経験の厚みによってグラデーション的に「周囲の見る目が変わる」ようなシフトが起こる場合は、なかなか自分の新しい立ち位置に気づけません。

その場合は、周囲との対話や、まわりをよく観察し、自分を客観視する意識が役に立ちます。まわりの人の言葉づかいや表情がなんとなく変わったな、と気づいたら、それが「自分の立ち位置が変わった」ことの合図かもしれません。

・特徴的な人間関係

公私ともに、人間関係に強いスポットライトが当たる年です。

2月から3月、そして5月から6月頭は、人間関係がとてもやさしく、あたたかくなる星回りです。

一方、5月末から9月頭は、人間関係に凛とした距離感が生まれる配置も起こります。

両者はとても対照的な星の動きなのですが、どちらもあなたという存在が「一対一で関わる他者のほうを向く」という点において、つながっています。

人のふところに飛び込んでいくような動き、あるいはだれかがあなたに「ぶつかり稽古」を試みるような動きが、この時期発生するでしょう。

人との関わりが表面的なものにとどまらず、あなたの本質や根幹にあるものに強く響いてくるときなのです。

愛の関係やパートナーシップにおいても、かなり本質的な動きが起こります。あなたと相手、それぞれの個性の掛け合わせのなかでしか起こらないような、特別なことが起こるのです。

そこでは、一般論も専門家の意見も第三者のアドバイスも、あくまで「部分的に参考にする」程度にしか役に立ちません。

自分自身で体当たりして考え、迷い、答えを出すしかありません。

「正解」のない世界で自分だけの答えを出し、その答えを重ねていくことが、人間関係の「キモ」ですが、この時期は特にその点が強調されています。肉迫することで関係が改善する場合もあれば、一時的に距離を置くことで好転することもあるでしょう。

何が正解なのかは最後までわかりません。判断はすべて「賭け」です。大切なのは、そこに「自分がいる」ことです。

・人間関係における「問題解決」の年

2025年は、人間関係やパートナーシップにおける「問題解決」をスタートできる年です。

たとえば、相手にやさしくしようとしたのに、なぜか相手が傷ついてしまう、という現象があります。

この場合、どう考えればいいのでしょうか。

「やさしくするつもりだった」という自分に軸足が置かれていれば、相手が傷ついたのは「まちがい」になります。

でも、相手にとってはまちがいでもなんでもなく、「傷ついた」という単なる事実があるだけです。

相手が「傷ついた」という事実に立ったとき、自分は何をしたことになるのか。このことが見えるようになると、おたがいの関係性が一変します。

相手の行動が「わからない」「理解できない」と思えたとき、見失われているのはたいてい、自分自身の行動です。

自分について誤解や思い違い、無視が発生しているとき、しばしば私たちは「他者が理解できない」と感じます。

2025年はそのような誤解や無視が、解除される時間と言えます。

もちろん、すべての誤解が消えるというわけではないかもしれませんが、少なくともそのきっかけをつかみ、問題解決の扉を開くことができるときなのです。

また、4月なかばから6月なかばは、友だちや仲間、ふだんチームとして動いているメンバーのあいだで、摩擦や衝突が発生するかもしれません。

この「熱い」展開は、2024年11月から年明けの展開の「続き」です。

ここでも、さまざまな根深い問題を根本解決できるかもしれません。

ナアナアにしないことで、より強い信頼関係を構築できます。

なごやかさよりも大切なものがある時期です。

2026年

・前半は「大活躍・大成功」の時間

２０２６年６月30日までは、２０２５年なかばから続く「大活躍・大成功」の時間のなかにあります。

引き続き、社会的立場が一変する人、キャリアにおいて大きくステップアップする人が多そうです。

また、2026年前半は、「免許皆伝」のような時間帯です。

特に、2023年ごろからコツコツ「修業」を続けてきた人、自分の任務を作るために苦労してきた人、周囲の人々のためにがんばり続けてきた人は、このタイミングでそうした苦労から解放され、その「ごほうび」のようなチャンスに恵まれるでしょう。

つらい訓練を卒業する人、下積みを終える人、研修を終えてひとり立ちする人、プロとして認められ、自分の望むかたちで活動を始める人もいるはずです。「デビュー」できる時間なのです。

修業や訓練を「修了」した直後に、大チャンスや大舞台が巡ってくるので、プレッシャーもあるかもしれません。

「特別あつかい」のような展開に、とまどいを感じる人もいるかもしれません。

そうした思いを乗り越えて、堂々とチャレンジし、大きな成果をあげられます。

非常に華やかな時間なのですが、その華やかさを支えるのは、2023年ごろからのあなたの地道な努力です。その土台がしっかりと揺るぎないので、大舞台でどんなに暴れても大丈夫です。

・後半は「仲間と希望の時間」

2026年7月から2027年7月までが、「仲間と希望の時間」です。

2026年なかばまでに「大成功！」の一山を越えて、ホッとひと息つける時間でもあります。

広く交友関係を結び、人脈を広げ、そのなかで「次は、どんなものを目指そうか？」と、夢をふくらませることができます。

人との交流のなかで新たな夢に出会う人もいるでしょう。

だれかに「いっしょにやろう！」と誘われ、その人の夢を自分のものとして、共有する人もいるでしょう。

逆に、自分の夢に共感してくれた人々が、自然に「ともに進む仲間」に加わってくれるかもしれません。

なかには「運命」を感じるような、特別な友との出会いもあるかもしれません。

フラットな人間集団に参加する人、すでにあるゆるやかなネットワークに招待される人もいるでしょう。この時期の「人の輪への参加」は、ハンコやお金の関係ない、契約や出入りの縛りもない、ごく自由なものとなります。

また、自分でサークルを作ったり、コミュニティの管理人となったりと、「人が集まる場を作る」「人の輪を創造する」人もいるでしょう。

明るく、広やかで、年の前半までと比べればプレッシャーやストレスがとても軽くなっているはずです。

人と関わることは、しがらみを生み、縛りを作る、と考えられがちです。

ですがその一方で、「孤独」もまた、人を閉じ込め、不自由にします。

この時期あなたが出会う仲間、関わる友は、あなたの心や生き方をより自由に解放してくれる人々だろうと思います。

自由な関わり、自由に生きるための関わり、のびのびと夢を追いかけるための「人の輪」が、この時期のあなたのまわりに広がってゆくはずです。

・心身のコンディションが上向きに

2012年ごろから、原因不明の不調に苦しんできた人は、その不調が2026年1月末を境に消えていくようです。

精神的な重荷、モヤモヤする不安定感、落ち着かない環境から抜け出せます。

また、2023年ごろから心身のコンディションが思わしくなかった人もいるでしょう。特に、加齢にともなう体質の変化に悩んでいた人もいるはずです。

こうした悩みも、2026年2月なかばを境に軽減します。

ここまでの試行錯誤を経て、「今の自分」とのつきあい方がわかり、状態が安定に向かうのです。

なかには、非常に苦しかった状況から劇的に脱出する人もいるかもしれません。

つらさが慢性化し、もはや慣れきって「つらい」ということが意識に上らなくなっている人もいそうですが、その場合も、2026年2月を境に「びっくりするほど好調になった」というような手応えを感じられそうです。好調に転じてはじめて「今まで、自分は調子が悪かったのだ！」と気づかされる人もいるでしょう。

2023年ごろからあれこれ試したり、専門家の意見を聞いたりするなかで「自分に合うもの」に出会い、その効果が表れ始めるのがちょうど、この2026年なのかもしれません。

以前、ある方からこんなエピソードを伺ったことがあります。

「変な話なのですが、ずっと、自分には何か悪い霊が憑いているという気がしていたのです。奇妙な話なので、だれにも言えずに悩んでいました。あるとき、風邪をひいて病院を訪れた際、血液検査で重度の貧血だとわかりました。注射をしてもらい、薬を飲むようになって、しばらくして『憑きものがとれた』という感じがしました。悪い霊の正体は、どうやら、貧血だったんです」と、その人は笑っていました。

「自分に合うもの」との出会いは、そんなふうに、偶然訪れることもあります。

2023年以降、あなたはどこかで「自分に合うもの」に出会い、2026年の入り口で「憑きものがとれた！」というのに似た、明るい爽快感を味わうのかもしれません。

・大人として、人と関わる

２０２５年からの「人間関係」にまつわる動きが本格化します。だれかとのあいだに、時間をかけて信頼関係を築いていく、そのプロセスが軌道に乗ります。

ここから２０２８年ごろにまたがって、少しずつ、強いつながりが育ちます。

人を「引き受ける」ことの重みを知る人もいるでしょう。だれかに対して責任を負い、深くコミットしていく人もいるでしょう。大切な人が人生の岐路に立ち、それを粘り強く支えていく人もいるでしょう。あるいは、密着しすぎていた相手と距離をとり、より建設的な関係を築くプロセスに入る人もいるでしょう。

長いあいだいっしょにいた相手とは、支配関係やたがいの問題の混同などが、どうしても起こります。

たとえば、単なる仕事の上の同僚という関係なのに、ともにある時間が長くなったために、なんでもわかっているような気持ちになったり、相手が自分から遠ざかることがゆるせないと感じられたりします。

そうした関係の混乱を、この時期ていねいにほぐし、たがいがより自由に交われるかたちを再構築できるかもしれません。

「自分は自分、相手は相手」「うちはうち、よそはよそ」という考え方は、この時期とても役立つはずです。

自他の境界は曖昧になりがちで、それがしばしば、人間関係上の問題を引き起こします。この時期、境界線をきちんと引き直すことで、長く関わり続けられる体制が整っていくでしょう。

折しも「友」ができる時期です。

友情を結び、信頼関係を築いても、その先でおたがいの関係が混乱することがあります。そうした状況を回避するためにも、この時期の「線引き」は大切なのかもしれません。

たがいが自由であるために結ぶ関係とは、どのようなものなのか。

２０２６年はそのテーマを多角的に考え、自分なりの答えを見いだし、それを大切なだれかとかみくだいた上で、共有できる時間なのだろうと思います。

3

テーマ別の占い

愛について

語り得ないもの、かけがえのないもの、命に関わるもの。

こうした、「愛」というテーマのもっとも深い部分を、あなたは２０２４年から20年かけて、生きることになります。

さらに２０２５年から２０２８年ごろにかけては、その「愛」のテーマがまっすぐに「パートナーシップ」に流れ込み、徹底的に真剣で深い、ときに危険すらともなう物語が展開することになっています。

「愛の危険」というと、たとえばサスペンスドラマのような（！）怖ろしいイメージを持つ人もいるかもしれません。でも、これは決して不吉な問題ではありません。たとえば、カップルがおたがいのあいだにある問題に真剣に目を向ければ、そこには現状打開の道がひらかれると同時に、破局への道もちらつきます。問題に向き合うとは、分岐点に立つことなのです。

真剣になればなるほど、私たちは精神的危機に直面します。深く傷ついて、そこから立ち直るのに多大な苦労を要するような局面に至ることもあります。あるいは、再構築を試みたのに途中で放棄せざるを得ない、といった落とし穴に落ちるリスクも生じます。愛の努力は、着手するのも大変ですが、継続することもまた、とても大変なのです。

それでも、特に2025年からの天秤座の人々は、その愛に徹底的に向き合い、情熱的で理知的な、責任ある試行錯誤を重ね、やがておたがいの愛の結びつきが、決して壊れないたしかなものとなったことに、気づくだろうと思います。

この3年のなかで愛に追い風が吹くのは、2024年2月なかばから3月、4月から6月上旬、8月末から9月、12月から2025年1月頭、2月から6月頭、10月なかばから11月頭、2026年1月なかばから5月なかば、8月から9月上旬、10月末から11月です。

特に2025年前半と2026年後半は、フリーの人もカップルも、何かしら素敵なことが起こるでしょう。

・パートナーがいる人

2025年から、天秤座のパートナーシップは新しい時代に入ります。というのも、2025年から2028年ごろにかけて、パートナーが人生の岐路に立つ可能性が高いのです。

これまでに経験したことのないような人生の転機が訪れたり、何か大きな責任を引き受けることになったりするかもしれません。

パートナーの社会的な立場が変わり、一時的に、もしくは長期的に、かなりの重荷を背負うことになるのかもしれません。

今まではふたりだけで生きていたのが、ここからは子どもや親、親戚その他、より広い範囲の人々を視野に入れなければならないのかもしれません。

いずれにせよ、相手が引き受けるものが大きくなれば、パートナーとしてそれをシェアしたり、サポートしたりする必要が出てきます。相手を介して自分が引き受けるものの量や内容が変わるなど、あなた自身にも変化の波が押し寄せるのです。

ゆえに2025年から2028年は、「親しき仲にも礼儀あり」のような、ポジティブな意味で相手とのあいだに距離を置く意識が強まるかもしれません。

相手が背負っているものの本当の意味や、相手がそこで感じている思いは、完全にわかってあげることができないからです。「完全にはわからない」という理解は、建設的な関係運営のために、とても重要です。相手の問題と自分の問題を混同して共倒れになるとか、自分の理解力を過信し相手の問題を決めつけて、結果的に傷つけるとか、そういった問題を回避できるからです。

少し距離感を持って接すると、あなたの持ち前の観察眼が生きて、より相手のことがこまかくわかるようになります。

この「距離」の感覚と、「愛情」の強さは、まったく関係ありません。むしろこの時期、「愛情」のほうはより深く、濃く、熱くなってゆくでしょう。この時期のパートナーとの「距離」は、あくまで技術的な問題なのです。

たとえば、子どもが昆虫や小動物を飼って、とてもかわいがっているのにすぐに死なせてしまう、ということがあります。大切に思う気持ちがどんなに強くても、飼育の技術を知らなければ、うまく育てることができません。

人間関係にも、そうしたことはよくあります。特に、愛の関係ではこのことが致命的な問題になります。

愛情はかぎりなくある、しかし、「関わり方」は適切なのか。

この時期の「距離」は、そんなテーマにまつわるものなのです。

パートナーシップにも、さまざまな「技術」が存在します。

たとえば、感謝の言葉を忘れないとか、「あなたは」ではなく「私は」で発話するとか、そうした一般的な「技術」については広く知れ渡っています。

ですが、パートナーシップにおける「技術」にはもう1種類あります。

それは、一般化も類型化もできない、おたがいだけのあいだに成立する「技術」

です。相手にだけ当てはまる技術、自分と相手のあいだにだけ通用するルールや態度、言葉です。

おたがいに順風満帆、安定した境涯にあるときは、それほどややこしい「技術」は必要ないかもしれません。

一方、相手が人生のある重大な局面に立ち、背負うものが多くなったときには、そんな相手を支えるためのさまざまな知恵、工夫が必要です。つまり、「技術」が必要になるわけです。

２０２５年から２、３年をかけて、あなたはそれを開発し、定着させることができます。そのためにパートナーとのあいだに、一時的に距離をとってみたり、しばらく観察したりする必要があるのだと思います。

２０１８年ごろからパートナーが経済的な問題を抱えていたなら、その問題は２０２６年前半までに解決しそうです。たとえばパートナーが突然失職したり、フリーランスとして独立したりして、経済的に非常に不安定になった、といった状況があったなら、2026年前半までには新しい経済活動のサイクルが定着し、お金の不安が消えていくでしょう。

「衣食足りて礼節を知る」と言われますが、カップルのどちらかに経済的問題が起こると、愛の関係にヒビが入ることも多いものです。

すぐに生活に困るというわけではないのに、プライドが傷つき、未来への恐怖に支配され、言葉選びが雑になり、苛立ちをぶつけ合って望まない諍《いさか》いを繰り返す、といった悪循環に陥るケースはまったく珍しくありません。

特に2018年からの時間は、お金や物質的な生活、現実的な未来のビジョンについて、話し合うことがむずかしい状況にあったかもしれません。「これから、どうするつもりなのか?」「この状況を打開する意志はあるのか?」のような問いを、反語的にぶつけ合うような場面も多かったかもしれません。

そうした、生活への認識を巡る対立・分離の感覚が、この3年を経て解消されていきます。お金についてちゃんと話し合えるようになりますし、生活についての対話がより建設的なものになってゆくでしょう。「助け合い」の前に置かれていたハードルが取り除かれるのです。

フィジカルなコミュニケーションが滞りがちだったり、どこかロジカルに考えすぎて身動きがとれなくなっていた人もいそうです。

そうした、身体的な「分離」の感覚も、この3年のなかで段階的に解消されてゆくようです。

2026年春までには、「なぜ身体的に、離ればなれになっていたのか」という問いへの答えが見つかるかもしれません。あるいは春になって花が咲くように、自然にふたりの物理的距離が縮まり、体温を感じ合える関係に戻れるのかもしれません。

こうした、フィジカルな関係の回復への手掛かりは、2023年後半から202

4年前半に見つかる気配もあります。

・恋人、パートナーを探している人

愛への渇望が強まる時期なので、意欲が増すぶん、相手を見つけやすいでしょう。
3年を通して、何かと「縁が結ばれやすい」と言える特徴的な配置が見られます。
2024年は意外な出会いが期待できますし、2025年は前半、2026年は後半に、愛のミラクルの気配が詰まっています。

仕事と同様に計画的に行動し、パートナーを得るという「目標達成」を目指すと、比較的容易に愛の願いが叶いそうです。

2025年以降は、バックグラウンドが大きく異なる相手、年齢差のある相手（自分より上も下もあり得ます）、社会的立場にギャップがある相手などが気になるかもしれません。おたがいの「違い」を活かすようなパートナーシップを築ければ、この関係は長く続くでしょう。

ただ、愛への望みが深まることで、パートナーシップに対する警戒心や悲観はその裏返しのように強まる可能性もあります。

たとえば「完全な相手」を求めすぎて、かえって現実のパートナーシップから遠ざかってしまう、といった現象も起こりやすいかもしれません。

世のカップルのさまざまな嘆きや不満を目にし、「自分もそうした苦境に陥るのではないか」という恐れが募って、出会いを遠ざける人もいそうです。

「ほしい！」という思いが強すぎて、かえって手に入りにくくなる、という現象が起こると、そこから抜け出すのはなかなかむずかしいかもしれません。

第三者の意見を聞いたり、本を読んだりして勉強したり、視野を広げる努力をすると、強い思い込みの部分はある程度、軽減され、間口が広がります。

また、お見合いなど比較的「古い」手段を選ぶと、トントン拍子に進む気配もあります。

とはいえ、遅くとも2028年なかばには、「みずからチャンスを遠ざけてしまう」ような状況は解除されるはずです。

・片思い中の人

片思いをしている状態が心地良く、精神的に安定しているならば、「そのまま」で問題はないのかもしれません。片思いという現象は決して、それ自体否定されるべきものではないからです。片思いという世界にも、美や正しさ、真実、意義は存在するはずです。

ただ、片思いという状態が苦しい人、そこから抜け出したいと感じている人は、早めにアクションを起こすことが望ましいかもしれません。

なぜなら、この「3年」は人間関係が固定化されやすいのです。一度ある均衡状態が生まれると、それがずっと続いてしまうのです。ある意味でバランスした状態が保たれ、そこから抜け出しにくくなります。

さらにそこから執着が増幅し、その執着に飲み込まれたような状態になり、ひとつの思いに「閉じ込められる」ような展開も起こり得ます。

脱出のためには、視野を広げることが肝要です。長めの旅行に出るとか、留学するとか、興味関心の幅を広げるなどの試みが役に立つかもしれません。年長者に相談したり、専門家の意見を聞いたりすることも役に立つかもしれません。

また、愛について学ぶことも一案です。心理学や社会学、哲学などの分野の新しい時代の研究を、時間をかけてたどってみると、自分なりの方向性を見いだせるかもしれません。

・愛の問題を抱えている人

２０２３年ごろからその問題が浮上したなら、今はその問題を「生きてみる」しかなさそうです。一朝一夕に問題が片づくような、即効性の「対策」は、この時期は見つけ出せないからです。

愛に振り回されたり、愛に没入したり、愛に取り憑かれたりするような時期もあるかもしれません。２０４３年ごろまでのどこかで、今まで経験したことがないような、濃密な愛のドラマを経験する人が多いはずなのです。そのドラマのなかでは、自分が自分でなくなったような愛を生きることになるので、自然、悩みや迷いが発生します。

ただ、その悩みはおそらく、論理的に解決できるようなものではないのです。たとえば転んで泣いている人に「泣いてもなんの問題解決にもならない」と論理的に説明しても、泣きやんだりはしないでしょう。それと同じことで、その愛を解決するには、その愛を自分なりに生ききってみるしかない、ということなのだと思います。

ただ、その愛の問題からの脱出は、おそらく２０４３年よりも前に訪れます。あるいは、問題が問題でなくなる、といった展開も考えられます。

２０２５年ごろから愛について悩みや不安を抱えたなら、２０２８年ごろまでに解決するはずです。あるいは、漠然とした疑問や迷いはその後も少し続くかもしれませんが、２０３９年までには出口が見つかるでしょう。

仕事、勉強、お金について

・「修業」からの「大成功」

この「3年」は天秤座の人々にとって、大きく「仕事の時間」とまとめることもできるほど、「仕事！」が花開く時間帯です。

冒頭から繰り返してきたとおり、2025年なかばから2026年なかばにかけて、大成功・大活躍の時間が置かれています。

それだけでなく、2023年からすでに「職人になるための修業」のような取り組みを続けている人も少なくないはずです。また、はじめて管理職になるとか、会社経営をスタートさせるなど、ビジネスにおける責任や役割が一気に重みを増した人もいるでしょう。この流れは2026年頭まで続きます。

「3年」のなかで、転職、昇進、独立、移動、転勤、一時的に休職して留学するなど、なんでもアリの状態になっています。この3年のなかで「仕事の上で何事もない、今までどおり、まったく変化がない」という人は、たぶん少ないだろうと思います。

「地道な努力」と「華々しい活躍」との両方が強調されているので、外から見た自分と日々の自分のギャップがかなり大きくなることも考えられます。

もといい、人知れず努力し、汗のあとを人に見せない傾向のある天秤座の人々ですので、「他者に努力を知られない」ことは、それほど気にならないのかもしれません。

それでも「そんなに簡単にここまでこられたわけではない！」と言いたくなる場面もあるはずです。

とはいえ、地道な苦労が輝かしい結果で報いられる喜びを、２０２６年前半までに味わえるでしょう。脚光を浴びる人、大ブレイクする人、その道の第一人者として認められる人も多そうです。

・「大成功」の手前の、少々雑な「暫定的勝利」

２０２５年なかばからの「大活躍・大成功の時間」の直前、２０２４年9月から２０２５年4月なかばまでの時間も、とても特徴的です。この時期は大挑戦、大チャレンジ、大勝負に臨むタイミングだからです。

何事もスマートに、カンペキにやりたい天秤座の人々にとって、この時期は少々ストレスフルかもしれません。というのも、この時期の「挑戦」は、ある意味荒っぽいのです。条件が整わない状況での見切り発車とか、あれこれ取りこぼしがあっての暫定的成功とか、全員の足並みがそろわない状態でゴール、などといった不器用さが見られます。場当たり的な対応、失敗からのリカバリなど、あらかじめ準備することができない展開も多いでしょう。

それでも、この時期の多少雑な勝利が、2025年後半からの「大成功」につながります。2025年後半から2026年前半の「大成功」は、完成度の高いゴールであり、大団円となります。

・学びについて

2024年後半から2025年前半は「学びの季節」です。

さらに2026年以降、2033年ごろまで、より自由で新規性の高い「学び」ができる時間となっています。時代の最先端を行くような勉強、研究に取り組む人が少なくないだろうと思います。

2024年後半から2025年前半の1年は、特に専門性を磨き、あるいは新たな専門分野に足を踏み入れて、強靭な知力を身につけられます。

ここでの「学び」は一般教養とか常識のレベルのものではなさそうです。目標がはっきりしていたり、ある分野に特化していたりします。「専門性が高い」のです。

あるいは、シチュエーション的な「専門性」が含まれている可能性もあります。たとえば「海外出張が決まったので、その国の自分のビジネスにまつわる語彙を学ぶ」とか、「妊娠したので、子育てについてゼロから学ぶ」など、ここで学んだ知識を用いる「場」が具体的に想定されている「学び」なのです。

ある種の就職試験や入学試験にも、このことは当てはまります。「広く全般に教養を身につけたい」といったゆるやかな目標ではなく、「何月何日からこういう場に立つために、必要な知識やスキルを習得したい」という、ある意味において狭い目標がそこにあるのです。

大学院に進んで研究に打ち込むとか、すでに研究活動をしている人が新たな研究テーマに出会って俄然、忙しくなるなどといったことが起こるかもしれません。

高度でニッチな知的活動に取り組める時期です。あるいは、それとはまったく逆の、大スケールのテーマを掲げて学ぶ人もいるだろうと思います。この世の真理を追究するために哲学を学んだり、宗教に興味を抱いたりする人もいるかもしれません。

「全世界」「全人生」といった、ごく大きなテーマを掲げることは、世間的には「ニッチな興味関心」と言えなくもありません。仕事につながるとか、生活の役に立つとか、そういった世俗的な目標がまったくない世界に足を踏み入れる人もいるだろうと思います。

特に2025年以降、2033年にまたがる「学び」は、「だれもが知っているようなこと」「常識・教養の枠組み」を超えた世界に広がっています。高度で、詳細で、専門的で、ある意味「狭い」のです。だれに話してもわかってもらえるような内容ではなく、今の自分だからこそ取り組める勉強です。それゆえに、追究する意味があります。

この「学び」によって、あなたはかぎりなく自由になります。自由に生きるために学び、学ぶことによってより自由な生き方を知る、といったサイクルが、ここから勢いよく回っていくのです。

・お金について

2018年ごろから、経済活動において新しい試みを続けてきた人が少なくないはずです。

特に、どちらかと言えばシンプルに、枝葉を切ってスマートにする方向へと舵《かじ》を切ってきたあなたがいるのではないでしょうか。

たとえば、以前は稼ぐことに熱心だったけれど、ＱＯＬ（生活の質）を真剣に考慮して、仕事を減らし、プライベートを充実させてきた、という人もいるかもしれません。

あるいは、かつては経済的な面で家族に頼ってきたけれど、２０１８年ごろから徐々に、自分の経済力で立てるように努力してきた、という人もいそうです。

また、仕事においての取引先を増やし、１カ所だけに頼らずにすむように営業、新規開拓を続けてきた、という人もいるでしょう。

なかには、なんらかのきっかけで契約を次々と解除された結果、働き方や仕事のつかみ方を大きく変えた人、さらには融資や投資について広く学び、取引先が以前とはガラッと変わった、といった経験をした人もいるのではないかと思います。

こうした、経済活動における「関係の変化」が、２０２６年春までに収束します。

その一方で２０２３年後半以降、これまで「切ってきた・切れてきた」つながりが、復活したり、増える方向に転換したりするはずです。

２０１８年ごろからの展開は、いわば経済活動における「分離・離脱・分解・自由化」のような動きでした。解き放たれ、自由になることや、自立することが眼目だったのです。ゆえに、心細い思いをする場面や、孤独を感じる場面もあっただろうと思います。

その点、２０２３年から２０２６年の流れは、「分離の終了・増幅の始まり」です。これまで「切る」流れのなかにあったのが、これ以降は「増やす」「育てる」流れへと転換するのです。

これまでの「切る」流れは、決して悪いことではなかったはずです。自立すること、自由になること、シンプルにすること、新しい時代に合ったかたちを求めることは、あなた自身の望みだっただろうと思うのです。

ですが、一通り整理がついたなら、今度は新しい種をまくサイクルに入れます。もちろん「もとに戻る」ということではなく、これまでに作り上げた自由度を保ったまま、ゆたかさへと向かえるのです。

「山盛りの果物かご」は、文字どおり「ゆたかさ」の象徴です。「果実」「収穫」「成果」などはどれも、経済活動において、喜ばしいキーワードです。2024年からの「3年」に、あなたはきっとそうした「実」を、たくさん手にすることでしょう。

それはあなた自身だけのためのものでなく、大切な人たちと分かち合い、あなたの周囲に広がる経済活動の輪のなかに、血液のように循環させていくべきものでもあるはずです。

家族、居場所について

2008年ごろから、家族や住処《すみか》に「縛られていた」かもしれません。
家族のために自分を犠牲にしたり、家族にまつわることで非常に大きな重荷を抱えたり、あるいは、家族一人ひとりの暗部を目の当たりにして衝撃を受け、そこから必死に自分を立て直してきたりした人も、少なくないだろうと思います。

または、家族や居場所に深く依存し、自分で自分を家のなかに「閉じ込める」ような状態だった人もいるかもしれません。家族との関係のなかでしか自分を保てなかった人、家族という深い洞穴に引きこもったような状態になっていた人もいるでしょう。

家族を持ちたい、という強い思いのもとに行動を起こし、結果的にそれまでの人間関係が一変した、といった経験をした人もいるかもしれません。新たな居場所を得るか、それともこれまでの環境を維持するか、というような二択のあいだで、深い苦悩を味わった人もいるだろうと思います。

いずれにせよ２００８年ごろから２０２３年ごろまで、あなたは自分自身が独立した個人であるということを、感じにくかった時期があったはずなのです。「家族」と言えども、自分以外の「他者」です。それなのに、両者を同一視しなければならないような展開は、あなたを深く傷つけたかもしれません。ですがその傷から、すでにあなたは「再生」を果たしつつあります。あの深い、地獄巡りのような葛藤の迷路を抜け出した先に、２０２４年という扉が置かれています。

2024年11月を境に、「家族」「居場所」はまったく新しい意味を持つようになるでしょう。少し距離を置いて関われるようになるのかもしれませんし、しばらく関わりを持たない、という選択もできるかもしれません。自分と家族・家がほとんど「融合」したような状態がうそのように解消されます。

あくまでひとりの独立した人間として幸福を目指すなかで、あなたの「家族・家」は、自由に帰れる場所、必要なときに自分を守ってくれる場所として、開かれた価値を持つようになるはずです。

特に2025年から2028年は、「家族」という集団的な関わりよりは、「パートナーシップ」が軸足となる時間帯です。「ふたり」というユニットでどのように居場所を形成するか、そのことが大きなテーマとなりそうです。

この3年のなかで居場所や家族に変化が起こりそうな時期は、2024年1月から2月なかば、11月なかばから12月頭、2025年12月なかばから2026年1月です。

この3年で悩んだときは——「スター」について

たとえば「スター」と呼ばれる人々は、しばしば大きな葛藤を抱きます。才能によってブレイクし、経済的にも成功を収め、無数のファンから愛され、どこに行っても特別あつかいされる「スター」は、あこがれの的です。多くの人がスターになりたいと願い、その夢を叶えようと努力します。

ですがその一方で、「スター」はさまざまな苦悩を抱きます。多くの人から注目され、名前と顔を知られ、多大なる誤解を含んだイメージを持たれ、レッテルを貼られたり、好き勝手な批判、嘲笑を受けたりします。周囲が想像するほどにはお金がなかったり、お金目当てに近づいてきた人に裏切られたり、華やかな舞台のあとでひとり、ホテルの部屋で外にも出られず、深い孤独に苛まれたりします。飽きられる恐怖、新たな「スター」に追い抜かれる恐怖、仕事がなくなるのではないかという不安。ワーカホリックで体を壊したり、さまざまな依存症に陥る人もいます。

この「3年」のなかであなたがもし、悩むとすれば、その悩みの構造は「スター」のそれと似ているのかもしれません。

忙しく、華やかに活躍している一方で、いろいろな苦労があるのは、当たり前と言えば当たり前です。ただ、その「華やかさ」の光にかき消されて、苦労や苦悩が他人にはまったく理解されない、そこがさらにつらいのです。それどころか「ラクに成功できたあなたは、恵まれている」などと言われることさえあるかもしれません。これは、とても苦しいことです。

人一倍苦労し、多大なる犠牲を払い、人のニーズに誠実に応えようと日々、奮闘しているのに、他人の目にはそれがなかなか見えません。他人どころかパートナーや仲間までもが、あなたの苦悩を「知らない」「見ない」のかもしれません。

あなた自身、自分の苦悩や苦労は「見られたくない」「見せたくない」と考えているだろうと思います。いつも優雅で、美しい自分でありたいと願うあなたにとって、「苦労していますね」と言われることは、つらいことなのです。

ですがそれでも、つらさ、苦悩を、ひとりの人間として、信頼できるだれかに「わかってほしい」と思う気持ちもあるはずです。矛盾しているようですが、人間はだれもが、複雑な矛盾を生きています。

また、あなたは自分と他者を比較しがちです。この「3年」では特に、比較のなかで苦悩が生まれる場面もあるでしょう。人より優れていたい、劣っていたくない、人より弱い部分を持ち、誇れるものを持たない自分が恥ずかしい。そうした、「比較」

からくる苦しみも、この時期は強まりがちです。あなたのなかにある、他者と自分を比較する物差しが、非常にシビアなものになるからです。人を厳しい目で見つめるとき、あなたは自分自身にも、そのまなざしを向けずにいられません。他者との関わりのなかで、自他を厳しく比べ、自分をより強く美しく鍛えようとする、一見前向きな「努力」こそが、大きな苦悩の源泉となってしまうのです。

苦しみをわかってもらうこと。何も持たず、優れてもいないと思えても、それを否定しないこと。たとえばそういったことが、この時期のあなたの苦悩の「薬」になるかもしれません。

人間観や他者への価値観は、人生のなかで何度も変わります。今現在の価値観は、未来のあなたの価値観よりも、たぶん、小さく狭いのです。自分を責めたり、他人に過度に批判的になったりしてつらさを感じたら、たがいを測る物差し自体を放り出してしまうことも一案です。

ほめられたり、あこがれられたり、高く評価されたりすることは、たしかに素敵なことです。この3年のなかで、あなたはそうした経験をたくさん積み上げるでしょう。

ですがその一方に、スターの苦悩のような「つらさ」があることを、無視しないでいていただきたいのです。

「つらくあってはならない」と思う必要はありません。

もちろん、つらさや苦悩を広く「アピール」する必要もありません。

ただ、大切な人に話を聞いてもらうこと、涙を分かち合ってもらうことには、大きな意味があります。それこそが愛し合うということで、生きることの本質だからです。

4

3年間の星の動き

2024年から2026年の星の動き

星占いにおける「星」は、「時計の針」です。

12星座という「時計の文字盤」を、「時計の針」である太陽系の星々、すなわち太陽、月、地球を除く7個の惑星と冥王星（準惑星です）が進んでいくのです。

ふつうの時計に長針や短針、秒針があるように、星の時計の「針」である星たちも、いろいろな速さで進みます。

星の時計でいちばん速く動く針は、月です。月は1カ月弱で、星の時計の文字盤である12星座をひと巡りします。ですから、毎日の占いを読むには大変便利ですが、本書であつかう「３年」といった長い時間を読むには不便です。

年単位の占いをするときまず、注目する星は、木星です。木星はひとつの星座に１年ほど滞在し、12星座を約12年でまわってくれるので、年間占いをするのには大変便利です。

さらに、ひとつの星座に約２年半滞在する土星も、役に立ちます。土星はおよそ29年ほどで12星座を巡ります。

もっと長い「時代」を読むときには、天王星・海王星・冥王星を持ち出します。

本書の冒頭からお話ししてきた内容は、まさにこれらの星を読んだものですが、本章では、木星・土星・天王星・海王星・冥王星の動きから「どのように星を読んだのか」を解説してみたいと思います。

木星：1年ほど続く「拡大と成長」のテーマ
土星：2年半ほど続く「努力と研鑽」のテーマ
天王星：6〜7年ほどにわたる「自由への改革」のプロセス
海王星：10年以上にわたる「理想と夢、名誉」のあり方
冥王星：さらにロングスパンでの「力、破壊と再生」の体験

2024年から2026年の「3年」は、実はとても特別な時間となっています。というのも、長期にわたってひとつの星座に滞在する天王星・海王星・冥王星の3星が、そろって次の星座へと進むタイミングだからです。

天王星は2018年ごろ、海王星は2012年ごろ、冥王星は2008年ごろ、それぞれ前回の移動を果たしました。この「3年」での移動は、「それ以来」の動きということになります。

たとえば、前々回天王星が牡羊座入りした２０１１年は東日本大震災が、冥王星が山羊座入りした２００８年はリーマン・ショックが起こるなど、長期的な時間を刻む星々が「動く」ときは、世界中が注目するようなビビッドな出来事が起こりやすいというイメージもあります。

もちろん、これは「星の影響で地上にそうした大きな出来事が引き起こされる」ということではなく、ただ私たち人間の「心」が、地上の動きと星の動きのあいだに、そのような象徴的照応を「読み取ってしまう」ということなのだと思います。

とはいえ、私がこの稿を執筆している２０２２年の終わりは、世界中が戦争の緊張に心を奪われ、多くの国がナショナリズム的方向性を選択しつつある流れのなかにあります。また、洪水や干ばつ、広範囲の山火事を引き起こす異常気象に、世界の多くのエリアが震撼する状況が、静かにエスカレートしている、という気配も感じられます。

この先、世界が変わるような転機が訪れるとして、それはどんなものになるのか。

具体的に「予言」するようなことは、私にはとてもできませんが、長期的な「時代」を司《つかさど》る星々が象徴する世界観と、その動きのイメージを、簡単にではありますが以下に、ご紹介したいと思います。

ちなみに、「3年」を考える上でもっとも便利な単位のサイクルを刻む木星と土星については、巻末に図を掲載しました。過去と未来を約12年単位、あるいは約30年スパンで見渡したいようなとき、この図がご参考になるはずです。

・海王星と土星のランデヴー

２０２３年から土星が魚座に入り、海王星と同座しています。２星はこのままよりそうようにして、２０２５年に牡羊座に足を踏み入れ、一度魚座にそろって戻ったあと、２０２６年２月には牡羊座への移動を完了します。

魚座は海王星の「自宅」であり、とても強い状態となっています。海王星は２０

12年ごろからここに滞在していたため、2025年は「魚座海王星時代、終幕の年」と位置づけられるのです。

天秤座から見て、魚座は「就労条件、日常生活、習慣、訓練、義務、責任、役割、健康状態」などを象徴する場所です。

2023年から、天秤座の人々は自分の役割や日々の生活について、少々悲観的な思いを抱いてきたかもしれません。健康に不安を感じたり、年齢を重ねることに強い拒否感を抱いたりした人もいるのではないかと思います。これらの否定的な感情の大部分は、イマジネーションでできていて、あまり現実的なものではありません。もとい、現実的な問題意識という「核」はあるのですが、その「核」が悲観的想像力によって増幅され、膨張してしまった部分が大きいのです。

ゆえに、そうした不安感について「毎日5分、こういうトレーニングをしよう」「このような作業を習慣化しよう」など、ささやかでも具体的なアクションが定まると、不安がきれいに消えていく可能性があります。

私たちは現実をとらえた上で、それを頭のなかでイメージとして再構成しながら生きているところがあると思うのですが、この「現実」と「想像」のあいだに立ってどのように行動するかで、この時期の不安感はある意味、「どうとでもなる」ものなのです。

大切なのは、たとえば不安感がストレスに転じ、このストレスから体調不良が起こる、などのネガティブなサイクルを、自分のなかに引き起こさないことです。

自分で自分を苦しめるサイクルに陥るのが、この時期の最大の「ワナ」なのだと思います。

天秤座の人々はとにかく「あれこれ考える」傾向がありますが、この時期は特に、冷静で論理的な思考と、増幅する想像とを、混同しないように気をつけたいところです。

暗い気持ちになったら、「これは現実的思考ではなく、ただの妄想では？」と自問してみると、悩みの落とし穴を回避できるかもしれません。

２０２５年、土星と木星は、天秤座から見て「パートナーシップ、人間関係、交渉、対立、契約、結婚」をあつかう場所へと歩を進めます。

海王星は「精神の活動」、土星は「責任と義務、時間」の星です。パートナーシップの場所にこの2星が入ることは、文字どおり、パートナーとの関係に深い精神的な結びつきを求め、おたがいのあいだにある責任、義務、誠実さを見つめ、時間を超えてつながりを紡ぎ続けるスタンスに立つことを意味します。

これらは非常に「まじめ」なことなので、負担感があったり、自分にできるのだろうか、という自信のなさを感じたり、あるいは宿題から逃げる子どものように背を向けたくなったりする場面もあるかもしれません。

さらに、おたがいの違いに向き合わねばならないため、一時的に距離をとる必要が出てきたり、「たがいが違っている」イコール「性格が合わない」といった短絡的判断に陥ったりする時期もあっておかしくありません。
ただ、こうした一見ネガティブな展開は、実は最終的な大団円に向かうために必要なステップである可能性が高いのです。特に２０２５年から２０２６年に起こる人間関係上の問題、パートナーシップにおける問題は、ごく長期的なまなざしでとらえる必要があります。即断・即決や、自分でひとり決めしてしまうようなやり方は、この時期の人間関係にはフィットしないはずです。

「長くつきあっていればいろいろなことがある」というのが、この時期の人間関係における金言です。「いろいろなことがある」からこそ結びつきが強くなりますし、相互理解も深まります。「いろいろなこと」を経てかけがえのない関係が築かれる、その最初のフェーズが２０２５年から２０２６年ごろです。

・木星と天王星、発展と成長のルート

成長と拡大と幸福の星・木星は、この3年をかけて、牡牛座から獅子座までを移動します。

特徴的なのは、この時期天王星も、木星を追いかけるようにして牡牛座から双子座へと移動する点です。天王星が牡牛座入りしたのは2018年ごろ、2024年に入る段階では、木星とこの天王星が牡牛座で同座しています。2025年、木星は6月上旬まで双子座に滞在します。追って7月7日、天王星が双子座へと入宮するのです。

天王星と木星の共通点は、両者が自由の星であり、「ここではない、どこか」へと移動していく星であるということです。何か新しいものや広い世界を求めて、楽天的にどんどん移動していこう、変えていこうとするのが2星に共通する傾向です。

2星には違いもあります。

木星は拡大と成長の星で、膨張の星でもあります。物事をふくらませ、袋のようにぽんぽんいろんなものをなかに入れていくことができる、ゆたかさの星です。一方の天王星は、「分離・分解」をあつかいます。「改革」の星でもある天王星は、古いものや余計なものを切り離していく力を象徴するのです。天王星が「離れる」星なら、木星は「容れる」星です。

2024年前半、木星と天王星は天秤座から見て「他者の財、パートナーの経済状態、性、遺伝、継承、贈与、経済的な人間関係」をあつかう場所に同座しています。

2018年ごろから、経済的自立を目指してきた人が少なくないはずです。パートナーや家族、仕事における関係者等のあいだにあった経済的な依存関係が、2018年以降段階的に解消され、その一方であなた自身の新しい経済関係が構築されてきたのではないかと思うのです。

この「経済関係の解体と再構築」のプロセスが、2026年春までに完了します。その直前にある2024年前半、木星という「拡大と膨張の星」がこの場所に同座することで、これまでどちらかと言えば「分離・離脱」してきた世界観に、一度立ち戻るような体験ができるかもしれません。減らしてきたものを一時的に増やすとか、あるいはたとえば「チートデイ（ダイエット中の人が意図的に、一時的に好きなだけ好きなものを食べることを「解禁」する日）」のような位置づけの時間を経験する人もいるのではないかと思います。

そうした、2024年前半の経済活動における特徴的な出来事が、2025年から2026年の経済的方向転換のきっかけとなる可能性があります。

2024年なかばから2025年なかば、木星は「冒険、学問、高等教育、遠方への旅や移動、専門分野、親戚縁者、宗教、理想」へと移動します。「冒険と学びの時間」がここにおかれています。旅に出る人、勉強を始める人が多いでしょう。

この時期の勉強や旅行は、この先の7年ほどの活動への「ロケハン」のような意味を持っています。ここでの体験がきっかけとなって、2026年以降、完全に新しい世界へと足を踏み入れる人が少なくないのです。

たとえるなら、2024年後半から2025年前半の旅は、ケープカナベラルのケネディ宇宙センターとか、種子島宇宙センターへの旅で、2026年からの旅はロケットに乗って宇宙旅行をするような旅、と言えるかもしれません。前者が「入り口・きっかけ」であり、後者が本編なのです。

2025年なかば、木星はあなたにとって「社会的立場、キャリア、仕事、目標、成功」の場所（蟹座）に移動します。

冒頭からの「大活躍、大成功」の時間がここにおかれています。木星はこの蟹座で非常に大きな力を持つので、あなたの「大成功」の振り幅も非常に大きなものになるでしょう。

この時期のあなたの活躍は、とても新しい時代の知に支えられています。新しい時代の価値観、新しいテクノロジーなどにダイレクトに親しむことが、あなたの社会的なポジションの変化の原動力となるでしょう。知的刷新とともに、キャリアや人生の進展が起こります。

さらに2026年なかばから2027年なかば、木星は「友だち、仲間、希望、夢、未来、自由、フラットなネットワーク、個人としての社会参加」の場所に入ります。友に出会い、仲間と深く関わり、人脈が大きく広がる時期です。2026年前半までの「達成」を経て、「その先」にある夢に飛び込んでいく人もいるでしょう。また、たとえば「この組織ではひとつの業績を成し遂げて、やりたいことはすべてできたから、次の場所に移ろうか」というような選択をする人もいるはずです。大きな組織を離れてベンチャー企業に入るとか、フリーランスとして独立するような、より自由な生き方を選択する人が多そうです。

・冥王星の移動

2024年11月、冥王星が山羊座から水瓶座への移動を完了します。

この移動は2023年3月から始まっており、逆行、順行を繰り返して、やっと2024年に「水瓶座へ入りきる」ことになるのです。冥王星が山羊座入りしたのは2008年、前述のとおりリーマン・ショックが起こったタイミングでした。

冥王星は「隠された大きな財、地中の黄金、大きな支配力、欲望、破壊と再生、生命力」等を象徴する星とされます。この星が位置する場所の担うテーマは、私たちを否応ない力で惹きつけ、支配し、振り回し、絶大なるエネルギーを引き出させたあと、不可逆な人間的変容を遂げさせて、その後静かに収束します。

2008年から冥王星が位置していた山羊座は、天秤座から見て「居場所、家族、ルーツ、住環境」などを象徴する場所です。

2008年ごろから家族や地元、住処に「縛りつけられる」ような状態にあった人は、2024年の年末あたりを境に、より自由な生き方にシフトできるでしょう。特に、だれか自分以外の人のために生活の大部分を犠牲にしてきた人は、ここから「人生を、自分のものとして取り戻す」ことができるかもしれません。

一方、自分から家族や身近な人に依存したり、居場所に閉じこもりがちだったりした人もいるかもしれません。この場合、2024年の終わりごろが「出口」となります。依存関係から脱出し、こもっていた場所から外に出ることが可能になるのです。これは、外部から強制的に「外に出される」ようなことではなく、みずから望んで、自然にそう「できるようになる」ということなのだろうと思います。

2024年、冥王星が移動していく先の水瓶座は、天秤座から見て「恋愛、好きなこと、趣味、子ども、クリエイティブな活動、才能、遊び、ペット」などを象徴する場所です。

ここから、非常に深い愛の世界に入ります。２０４３年ごろまでかけて、愛の情熱を存分に生き、「生まれ変わる」ような体験をする人が少なくないはずです。人生が塗り替えられるような、人間性が一変するような、人生観が書き換えられるような「変化」のプロセスが、愛の体験を通して展開してゆきます。

恋愛だけでなく、子どもを産んだり、子育てをしたりすることで人生が変わる人もいるでしょう。また、クリエイティブな活動や自己表現を通して「生まれ変わる」人もいるはずです。

自分の内部に炎が燃えるような、自分の内側からマグマが噴き出すような、熱い愛と創造の体験が、あなたを大きく変えていく時間帯なのです。

5

天秤座の世界

天秤座について

天秤座は愛の星座であり、正しさの星座でもあります。

論理の星座、客観の星座、正義の星座、関係性の星座とされます。

ゆえに天秤座のもとに生まれた人々は、人と関わり、人を愛することを人生のテーマとします。

完璧主義的で、優れた審美眼を持ち、それゆえに優雅で、上品で、洗練された生活を求め、実現する人々だと言われます。

平和のために闘い、完全さのために闘い、愛のために闘う人々でもあります。

物事を相対的にとらえるため、しばしば物事を比較して考えます。ゆえに、自他を比べて自信を失ったり、何かと優劣を気にしたりすることもあるようです。揺れる天秤のように迷いやすいとされますが、その迷い、長考のプロセスは、この人の心のなかだけにあります。第三者から見れば、天秤座の人々は非常に果断で、断定的で、ときに独断専行に見えることも多いのです。天秤座の人々は「長くひとりで悩み、考え、迷い、その上で決めてから即、行動する」ので、他者にはその内なる揺れが見えないのです。

その内なる揺れ、迷いが理解されないゆえに、天秤座の人々は、みずから好んで関わったはずの人々の輪のなかで、ふしぎな孤独に包まれます。

天秤座の「天秤」は、正義の女神アストライアの手にした天秤だとされています。隣の乙女座は、デメテルやペルセフォネの神話と結びつけられる一方で、一説にはこの正義の女神だともされます。

「愛」と「正しさ」はどちらも世の中において「善いもの」とされています。ゆえに、両者が並ぶことに違和感を感じる人は、少ないかもしれません。

ただ、たとえば「人がもっとも大きな強い愛を感じるのは、どんなときだろう？」と考えたとき、私にはある光景が浮かぶのです。

それは、罪を犯した人に会うため刑務所を訪れる、親や配偶者のイメージです。人が正しくなくなったとき、それでもその人を大切にしてくれる人がいたなら、その行為は「愛の行為」としか呼べないように思われます。

美しい人や正しい人、強い人、偉い人、立派な人、だれもがあこがれるような人を「愛する」のは、ごく簡単なことです。幼い子どもでもできます。

カッコイイ人やかわいい人を「好きだ！」と思うことは、心が強くなくても、やさしくなくてもできることです。彼らにみんなが微笑みかけ、親切に、ほめたりちやほやしたりします。

一方、本当に愛を必要としているのは、どんな人たちでしょうか。孤独な人、弱った人、自分ひとりでは生きていけない赤ん坊、未熟な、まちがいを繰り返す子どもや若い人、心身を制御する力を徐々に失ってゆく高齢者。傷ついた人、社会から排除された人、もはや自分で自分を助けることができない人々こそが、無償の愛を必要としています。

愛と正義の星座・天秤座について考えるとき、私が思い出すエピソードがあります。それは、「自分の子どもを愛せない」と悩む人のエピソードです。自分自身の産んだ子どもなのに、愛情を持てない。苦手だと感じる。性格が合わなくて苦しい。このような悩みを持っている人に、あるカウンセラーがこんな言葉をなげかけました。「苦手だと思うのに、それでも子どものためにがんばってごはんを作り、やさしくしようともがいている、その行為こそが愛です」と。

だれかを好きだと思う気持ち、自然にわいてくる好意は「愛」と呼ばれます。その一方で、自分自身の感情に抗ってでも、相手のために尽くそうとする行為も「愛」と呼ばれます。愛は一般に、感情だと考えられていますが、現実には、行動がともなってはじめて「愛」なのではないでしょうか。

どんなに愛する気持ちがあっても、行動において相手を傷つけてばかりいたなら、それは「愛」とは呼べない何事かです。たとえばストーカー行為が高じて殺人を犯した人が「愛ゆえにそうしたのだ」と釈明しても、だれもその行為を「愛の行為だった」とは認めないだろうと思います。

一方、深く愛した相手から拒否されたとき、自分の感情を抑えて静かに立ち去ったなら、それは紛れもない愛の行為です。

このような仕組みを考えると、天秤座のテーマである愛と正義、そして論理と客観は、人間の心の深いところで結びついているように思えます。利他的であることは、論理的なことです。愛が単なる感情にすぎないのだとすれば、愛のために自制するということは起こり得ないはずです。

星占いの世界で、天秤座は「活動宮」というグループに分類されます。活動宮はみずから何かを始める星座、行動を起こす星座、主体性と能動性の星座です。天秤座的愛は、「物思い」の愛ではなく、行動の愛なのです。

人生では、「これは正しいのか、まちがいなのか」と判断がつかないことがよくあります。たとえばプロポーズにあたり、「この人と結婚していいのかどうか」とは、古来連綿と悩まれてきたテーマです。

また、自分のキャリアを考える上で、「今の仕事を辞めるとしたら、それは逃げなのか、それともチャレンジなのか」と思案する人は少なくありません。

友だちに強くアドバイスすることがいいのか、それとも見守るほうが相手のためなのか。子どもを叱ったほうがいいのか、それとも自分で考えさせたほうがいいのか。「正解」はなかなか、見つかりません。自分で選び、行動して、あとになってみてやっと「やってよかった」と思える場合もあれば、最後まで何が正しかったのかわからない場合もあります。

そんなふうに、人間はだれもが、正しさとまちがいのあいだで揺れています。心のなかに天秤を持ち、たえず「正しさ」を量っている、と言えるかもしれません。

その点、天秤座の人々はもっとも「正しさ」にあこがれ、それゆえにひとつの絶望を抱えている人々です。どこまでも正しくありたいと願っているがゆえに、それが現実には叶わないと知ってしまっているからです。

完全さ、絶対的正解は、この世にはない。完全な美と正義は、この世界には成立たない。このことを真理として知ってしまっているのです。

神話のなかで、正義の女神アストライアは、人間を最後まで信じようとした女神です。人間たちが堕落したとき、神々は人間を見捨てて次々と天界に上ったのに、アストライアだけは最後まで地上に踏みとどまり、人間を救おうとした、と言われます。

彼女が最後に人間をあきらめたとき、その愛と正義の無力への絶望は、どんなに深かったことでしょうか。

ただ、この「絶望」は、決して不幸でも悪でもありません。「絶望」は、言い換えれば「諦念」です。天秤座の愛はこの絶望、諦念の向こう側で発動します。正しさが完成しない絶望、人と人とが完全にはわかり合えないという絶望を踏み越えて生きるための力が、ほかならぬ愛だからです。

正しさと愛、正義と愛の関係は、非常に複雑です。

天秤座の人々はその複雑さを引き受けた上でなお、愛を生きようとする、焦土をゆく戦士のような人々なのだと思います。

おわりに

これでシリーズ4作目となりました「3年の星占い」、お手にとってくださって誠にありがとうございます。

これまで毎回、冒頭にショートショートを書いてきたのですが、今回はあえて小説の形式をやめ、「象徴の風景」を描いてみました。

というのも、2024年から2026年は長い時間を司る星々が相次いで動く、特別な時間だったからです。天王星、海王星、冥王星の象徴する世界観は、無意識や変革、再生といった、かなり抽象的なテーマを担っています。日常語ではとらえにくいことをたくさん書くことになるので、思いきって「シンボル」自体にダイレクトに立ち返ってみよう、と思った次第です。

もとい、これまでの冒頭のショートショートにも、たくさんの象徴的隠喩を仕込んできました。あの短い小説のなかに、「3年」のエッセンスをぎゅっと詰め込む工夫をするのは、毎回、私の大きな楽しみでした。ただ、あのような「匂わせ」のかたちでは、今度の「3年」の大きさ、力強さが表しにくいと思ったのです。

「花言葉」が生まれたのは、直接思いを言葉にすることがマナー違反とされた時代だったそうです。心に秘めた思いを花に託して、人々はメッセージを伝えようとしたのです。「あなたを愛しています」と伝えるために、真っ赤なバラを贈るしかなかった世の中では、すべてのものがメッセージに見えていたのかもしれません。赤いバラを手渡して、相手に愛を理解してもらおうとするのは、「隠喩」「アナロジー」の原点だろうと思います。

当たるか当たらないかにかかわらず、「天秤座の人に、向こう3年、何が起こるか」ということを個別具体的に書くことはほぼ、不可能です。というのも、「天秤座の人」といっても十人十色、本当にさまざまな立場、状況があるはずだからです。可能性のあるすべての出来事を箇条書きにするようなことができなくはないかもしれませんが、それでは、なんのことだかかえってわからなくなってしまいます。ゆえに、こうした占いの記事は「隠喩」でいっぱいにならざるを得ません。

かのノストラダムスも、直接的な表現はほとんどしていません。彼は詩で占いを書き、後世の人々がその隠喩をさまざまに「解読」しようとしました。本書のような生活に根ざした「実用書」であっても、読み手側のすることはほとんど変わらないように思えます。すなわち、自分に起こりそうな出来事、すでに起こっている出来事と占いを照らし合わせ、そのシンボリズムを解読、デコードしていくのです。

ゆえに占いは、どんなに現実的なものであっても、「謎解き」の部分を含んでいて、神秘的です。そこには、解読されるべき秘密があるのです。

そして私たちの心にもまた、それぞれに自分だけの秘密があります。

だれもがスマートフォンでSNSに接続し、どんなことでもテキストや動画で伝え合って「共有」している世の中では、まるで秘密などないようにあつかわれています。ですがそれでも、私たちの心にはまだ、だれにも打ち明けられない秘密があり、内緒話があり、まだ解かれない謎があります。

だれかに語った瞬間に特別なきらめきを失ってしまう夢もあります。

だれの胸にもそんな、大切に守られなければならない秘密や夢があり、その秘密や夢を、希望といううっすらとした靄《もや》がくるみこんでいるのだと思います。

これだけ科学技術が発達してもなお、占いは私たちの「心の秘密」の味方です。

本書が、この3年を生きるあなたにとって、ときどき大切な秘密について語り合えるささやかな友となれば、と願っています。

太陽星座早見表
(1930 ～ 2027年／日本時間)

太陽が天秤座に入る時刻を下記の表にまとめました。
この時間以前は乙女座、この時間以後は蠍座ということになります。

生まれた年	期間
1954	9/23 22:55 ～ 10/24 7:55
1955	9/24 4:41 ～ 10/24 13:42
1956	9/23 10:35 ～ 10/23 19:33
1957	9/23 16:26 ～ 10/24 1:23
1958	9/23 22:09 ～ 10/24 7:10
1959	9/24 4:08 ～ 10/24 13:10
1960	9/23 9:59 ～ 10/23 19:01
1961	9/23 15:42 ～ 10/24 0:46
1962	9/23 21:35 ～ 10/24 6:39
1963	9/24 3:24 ～ 10/24 12:28
1964	9/23 9:17 ～ 10/23 18:20
1965	9/23 15:06 ～ 10/24 0:09
1966	9/23 20:43 ～ 10/24 5:50
1967	9/24 2:38 ～ 10/24 11:43
1968	9/23 8:26 ～ 10/23 17:29
1969	9/23 14:07 ～ 10/23 23:10
1970	9/23 19:59 ～ 10/24 5:03
1971	9/24 1:45 ～ 10/24 10:52
1972	9/23 7:33 ～ 10/23 16:40
1973	9/23 13:21 ～ 10/23 22:29
1974	9/23 18:58 ～ 10/24 4:10
1975	9/24 0:55 ～ 10/24 10:05
1976	9/23 6:48 ～ 10/23 15:57
1977	9/23 12:29 ～ 10/23 21:40

生まれた年	期間
1930	9/24 3:36 ～ 10/24 12:25
1931	9/24 9:23 ～ 10/24 18:15
1932	9/23 15:16 ～ 10/24 0:03
1933	9/23 21:01 ～ 10/24 5:47
1934	9/24 2:45 ～ 10/24 11:35
1935	9/24 8:38 ～ 10/24 17:28
1936	9/23 14:26 ～ 10/23 23:17
1937	9/23 20:13 ～ 10/24 5:06
1938	9/24 2:00 ～ 10/24 10:53
1939	9/24 7:49 ～ 10/24 16:45
1940	9/23 13:46 ～ 10/23 22:38
1941	9/23 19:33 ～ 10/24 4:26
1942	9/24 1:16 ～ 10/24 10:14
1943	9/24 7:12 ～ 10/24 16:07
1944	9/23 13:02 ～ 10/23 21:55
1945	9/23 18:50 ～ 10/24 3:43
1946	9/24 0:41 ～ 10/24 9:34
1947	9/24 6:29 ～ 10/24 15:25
1948	9/23 12:22 ～ 10/23 21:17
1949	9/23 18:06 ～ 10/24 3:02
1950	9/23 23:44 ～ 10/24 8:44
1951	9/24 5:37 ～ 10/24 14:35
1952	9/23 11:24 ～ 10/23 20:21
1953	9/23 17:06 ～ 10/24 2:05

生まれた年	期間
2003	9/23 19:48～10/24 5:09
2004	9/23 1:31～10/23 10:49
2005	9/23 7:24～10/23 16:42
2006	9/23 13:04～10/23 22:27
2007	9/23 18:52～10/24 4:15
2008	9/23 0:46～10/23 10:09
2009	9/23 6:20～10/23 15:44
2010	9/23 12:10～10/23 21:35
2011	9/23 18:06～10/24 3:30
2012	9/22 23:50～10/23 9:14
2013	9/23 5:45～10/23 15:10
2014	9/23 11:30～10/23 20:57
2015	9/23 17:22～10/24 2:47
2016	9/22 23:22～10/23 8:46
2017	9/23 5:03～10/23 14:27
2018	9/23 10:55～10/23 20:23
2019	9/23 16:51～10/24 2:20
2020	9/22 22:32～10/23 8:00
2021	9/23 4:22～10/23 13:51
2022	9/23 10:05～10/23 19:36
2023	9/23 15:51～10/24 1:21
2024	9/22 21:45～10/23 7:15
2025	9/23 3:20～10/23 12:51
2026	9/23 9:06～10/23 18:38
2027	9/23 15:03～10/24 0:33

生まれた年	期間
1978	9/23 18:25～10/24 3:36
1979	9/24 0:16～10/24 9:27
1980	9/23 6:09～10/23 15:17
1981	9/23 12:05～10/23 21:12
1982	9/23 17:46～10/24 2:57
1983	9/23 23:42～10/24 8:53
1984	9/23 5:33～10/23 14:45
1985	9/23 11:07～10/23 20:21
1986	9/23 16:59～10/24 2:13
1987	9/23 22:45～10/24 8:00
1988	9/23 4:29～10/23 13:43
1989	9/23 10:20～10/23 19:34
1990	9/23 15:56～10/24 1:13
1991	9/23 21:48～10/24 7:04
1992	9/23 3:43～10/23 12:56
1993	9/23 9:22～10/23 18:36
1994	9/23 15:19～10/24 0:35
1995	9/23 21:13～10/24 6:31
1996	9/23 3:00～10/23 12:18
1997	9/23 8:56～10/23 18:14
1998	9/23 14:37～10/23 23:58
1999	9/23 20:31～10/24 5:51
2000	9/23 2:28～10/23 11:46
2001	9/23 8:06～10/23 17:26
2002	9/23 13:56～10/23 23:18

石井ゆかり（いしい・ゆかり）

ライター。星占いの記事やエッセイなどを執筆。情緒のある文体と独自の解釈により従来の「占い本」の常識を覆す。１２０万部を超えた「12星座シリーズ」のほか、多くのベストセラー&ロングセラーがある。『月で読む　あしたの星占い』『新装版　12星座』（すみれ書房）、『星占い的思考』（講談社）、『禅語』『青い鳥の本』（パイインターナショナル）、『星ダイアリー』（幻冬舎コミックス）ほか著書多数。

ＬＩＮＥや公式Ｗｅｂサイト、Ｉｎｓｔａｇｒａｍ、Ｔｈｒｅａｄｓ等で毎日・毎週・毎年の占いを無料配信中。

公式サイト「石井ゆかりの星読み」https://star.cocoloni.jp/

インスタグラム　@ishiiyukari_inst

[参考文献]

『完全版 日本占星天文暦 1900年～2010年』
魔女の家BOOKS　アストロ・コミュニケーション・サービス

『増補版 21世紀占星天文暦』
魔女の家BOOKS　ニール・F・マイケルセン

『Solar Fire Ver.9』（ソフトウエア）
Esotech Technologies Pty Ltd.

[本書で使った紙]

本文	アルトクリームマックス
口絵	OK ミューズガリバーアール COC ナチュラル
表紙	バルキーボール白
カバー	ジェラード GA プラチナホワイト
折込図表	タント D-58

すみれ書房
石井ゆかりの本

新装版 12星座

定価 本体1600円+税
ISBN978-4-909957-27-6

生まれ持った性質《しくみ》の、深いところまでわかる、星占い本のロングセラー。

星座と星座のつながりを、物語のように読み解く本。
牡羊座からスタートして、牡牛座、双子座、蟹座……魚座で終わる物語は、読みだしたら止まらないおもしろさ。各星座の「性質」の解説は、自分と大切な人を理解する手掛かりになる。仕事で悩んだとき、自分を見失いそうになるとき、恋をしたとき、だれかをもっと知りたいとき。人生のなかで何度も読み返したくなる「読むお守り」。

イラスト：史緒　ブックデザイン：しまりすデザインセンター

すみれ書房
石井ゆかりの本

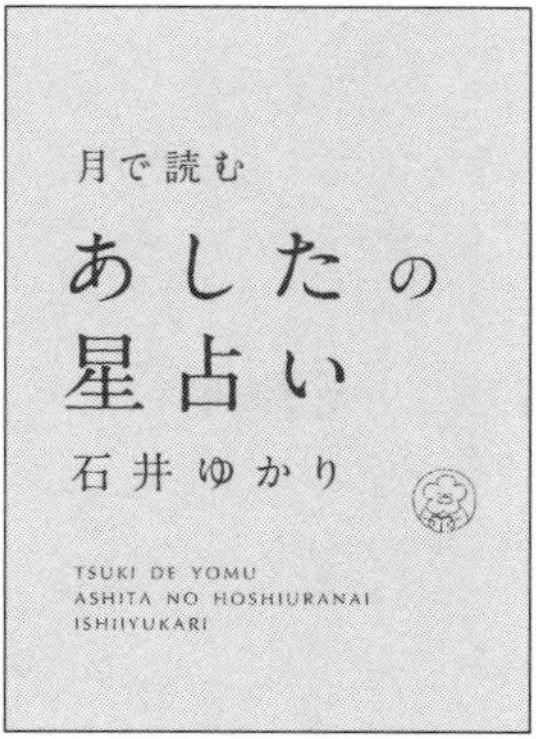

月で読む　あしたの星占い

定価 本体1400円＋税
ISBN978-4-909957-02-3

簡単ではない日々を、
なんとか受け止めて、乗り越えていくために、
「自分ですこし、占ってみる」。

石井ゆかりが教える、いちばん易しい星占いのやり方。
「スタートの日」「お金の日」「達成の日」ほか12種類の毎日が、2、3日に一度切り替わる。膨大でひたすら続くと思える「時間」が、区切られていく。あくまで星占いの「時間の区切り」だが、そうやって時間を区切っていくことが、生活の実際的な「助け」になることに驚く。新月・満月についても言及した充実の1冊。　イラスト：カシワイ　ブックデザイン：しまりすデザインセンター

3年の星占い　天秤座
2024年-2026年

2023年11月20日第1版第1刷発行

著者
石井ゆかり

発行者
樋口裕二

発行所
すみれ書房株式会社
〒151-0071　東京都渋谷区本町6-9-15
https://sumire-shobo.com/
info@sumire-shobo.com〔お問い合わせ〕

印刷・製本
中央精版印刷株式会社

ISBN978-4-909957-35-1　Printed in Japan
NDC590　159ｐ　15㎝